Stendel

Ursula Schulz (Hrsg.)

# Kindsein heute

## Alptraum oder Traum

Die Deutsche Bibliothek - CIP-Einheitsaufnahme
Ein Titelsatz für diese Publikation ist bei Der Deutschen Bibliothek erhältlich



Titel: Der Struwwelpeter
Satz: Verlag Stendel
Druck: Windhueter, Schorndorf
Bindung: Nething, Weilheim

1. Auflage September 2000
ISBN 3-926789-34-4

**Inhalt**

# Vorwort

*„Oh selig, oh selig ein Kind noch zu sein!“*
singt der Zar in „Zar und Zimmermann“ auf etwas verharmlosend verherrlichende Weise und fügt noch beglückt hinzu, dass in der Kindheit goldener Tage noch kein Kummer drückt.
Die Beiträge dieses Buches sprechen allerdings eine so ganz andere, zum Teil sehr gegensätzliche Sprache. Schon kleinste Kinder sind oft schier unerträglichen Ängsten, großer Verzweiflung und Konfusion ausgeliefert und brauchen dringend eine ihnen sehr zugewandte, für ihre heftigen Gefühle sehr offene und aufnahmefähige Person, die ihnen diese schwer aushaltbaren Zustände erleichtert.
Aber auch bei allen Reifungs- und Entwicklungsschritten hin zum „Erwachsen-Sein“, können mehr oder weniger schwere Krisen auftreten. Das Kind muss sicheres, ihm sehr vertrautes und gut erlebtes psychisches Terrain aufgeben, um sich neuen, verunsichernden, verwirrenden Bereichen zuwenden zu können. Notwendige Schritte, die Eltern und Kind in große Not bringen können und nicht selten einen schwer zu durchbrechenden Circulus vitiosus in Gang setzen.
Anders als in der Welt des Zaren ist aber auch zu überlegen, wie Kinder Informationsflut und heutige Technokratie, Leistungsforderungen und zunehmende Perspektivlosigkeit verarbeiten.
Wie gehen sie mit Beziehungsstörungen, Verlust an Geborgenheit, mit wachsender Gewalt als äußerem und innerem Problem um? Welches sind die speziellen Probleme „Allein-Erziehender?“ Wie gehe ich mit einem hyperaktiven Kind um und wie mit den eigenen Wunschvorstellungen und Visionen, die ich mir von meinem Kind machte – und die es nun vielfach nicht vollständig erfüllt?
Auf diese und viele andere Fragen geben die Autoren dieses Buches Antworten und zeigen Lösungen auf, wie mit Schwierigkeiten und Konflikten in der Eltern-Kind-Beziehung konstruktiv und korrigierend umgegangen werden kann.

Dieses Buch setzt sich zusammen aus Beiträgen, die anlässlich mehrerer Vortragsreihen von Dozentinnen und Dozenten des Psychoanalytischen Instituts „Stuttgarter Gruppe“ gehalten wurden. Sie wenden sich besonders an die Eltern, die trotz großen Bemühens und gutem Engagement von den „kleinen Plagen“ gestresst und genervt, manchmal einfach das Handtuch werfen wollen.
Ihnen gibt dieses Buch neuen Mut, Kraft und Sicherheit für ihr Empfinden und weiteres Handeln.

Ursula Schulz
Psychoanalytisches Institut „Stuttgarter Gruppe“ e.V.
August 2000

Christiane Lutz

# Kindheit – Traum oder Alptraum?

Kindheit ist ein Begriff, der seit etwa 120 Jahren die Erkenntnis ausdrückt, dass der Mensch, um sich zu entwickeln, einen langen, geschützten „Spielraum" braucht. Vor dieser Zeit wurden bereits Kinder als kleine Erwachsene behandelt, sehr früh ins Erwerbsleben integriert und unterschieden sich auch in der Kleidung kaum von den Erwachsenen. Sie erschienen wie deren verkleinerte Abbildungen und verhielten sich diesen Vorstellungen entsprechend.

Die Auseinandersetzung mit der Welt des Kindes, mit seinen inneren Bildern und Vorstellungen, begann erst schrittweise. So fiel es dem Arzt Heinrich Hoffmann in der Mitte des vorigen Jahrhunderts auf, dass er für seine kleinen Patienten keine angemessene Literatur hatte, um sie abzulenken und um sie zu beruhigen. Es gab damals überwiegend Bücher, die den Kindern die Welt erklären sollten und sehr häufig verknüpft waren mit moralischen Hinweisen.

Angesichts dieses Mangels zeichnete Hoffmann für seine kleinen Patienten ein Bilderbuch, das zu einem der berühmtesten der Welt wurde, den „Struwwelpeter".[1] Träume und Alpträume des Kindseins werden hier auf teils humorvolle, teils drastische Art und Weise dargestellt: Zu den Wunschträumen aller Kinder zählt einst wie heute das Bedürfnis, den Phantasien nachzuhängen, die Freiheit der Vögel zu ersehnen, wie der „Hans-Guck-in-die-Luft". Leider endet die Sehnsucht, von den Schulpflichten abzuheben, sehr unsanft mit einem Sturz ins Wasser. Aber trotz aller Moral – ein Stück Distanz zu vernünftiger Lebensführung ist erreicht, denn „die Mappe schwimmt schon weit"![2]

Welches Kind träumte nicht davon, sich gegenüber den überlegenen Erwachsenen zu behaupten und jene in ihrer dominanten und gelegentlich anmaßenden Art lächerlich zu machen? In der Geschichte vom „wilden Jäger" werden die Rollen umge-

1 Hoffmann, H.: „Struwwelpeter", München, 1994

2 Hoffmann, H.: a.a.O., S. 23

kehrt: Der Hase setzt sich die Brille des Jägers auf und bewaffnet sich mit dessen Gewehr. Dieser wird zum Gejagten und flüchtet in halbblinder Hilflosigkeit. Der Schuss trifft schließlich die Kaffeetasse der ahnungslosen Jägersfrau, und Hase und Hasenkind triumphieren, auch wenn jenes als Ausdruck eines leise mahnenden Zeigefingers ein paar Spritzer des heißen Kaffees abbekommt.

Auch die Solidarisierung mit dem schwächeren und ausgegrenzten Teil, der für Kinder Spiegel des eigenen schwachen Ichs ist, gehört zu den Wunschträumen des Kindseins. In der Geschichte von den „bösen Buben" vermittelt der Erwachsene in Gestalt des übergroßen Nikolaus Schutz und Geborgenheit. Dem verlachten kleinen Farbigen widerfährt Gerechtigkeit, die spottlustigen Kameraden werden ins Tintenfass getaucht und sind nun „viel schwärzer als das Mohrenkind".[3]

Gemäß der moralisch-autoritären Erziehungshaltung früherer Jahre überwiegen jedoch die Geschichten, die zu Alpträumen von Generationen von Kindern wurden. Die Erfahrung der Abhängigkeit, der Bestrafung für eigenmächtiges Tun, Beschämung und Demütigung und die Konsequenz des Liebesverlustes werden in erschreckenden Bildern lebendig.

Wer erinnert sich nicht an die schrecklichen Folgen der Verweigerung gehorsamer Unterwerfung im „Suppenkasper", der tödlichen Gefahr lustvollen Zündelns im „Paulinchen", der symbolträchtigen Verletzung als Konsequenz von Triebbefriedigung im „Daumenlutscher"?

Böses Tun wird im „bösen Friedrich" eindrücklich geahndet und schließlich, wer kann nicht diesen ersten Vers zitieren, der dem ganzen eindrücklichen Alptraum den Namen gab!

„Seht einmal hier steht er, garst´ger Struwwelpeter.
An den Händen beiden, ließ er sich nicht schneiden

[3] Hoffmann, H.: a.a.O., S.11

seine Nägel fast ein Jahr, kämmen ließ er nicht sein Haar.
Pfui, ruft da ein jeder, garst´ger Struwwelpeter."[4]

Was für den Erwachsenen der damaligen Zeit erträumtes Ziel sein mochte, wurde für kindliches Erleben bis heute zum Alptraum.
Soll Kindheit, gerade aus kindlicher Perspektive zu einem Traum werden, müsste sich die Forderung nach vernünftigem Tun, nach Anpassung und Einsicht in die Wertewelt der Erwachsenen ins Gegenteil verkehren, zumindest für eine bestimmte Zeit! Michael Ende, der berühmte Kinderdichter unserer Tage hat diesem lustvollen Protest Worte verliehen:

Im Lande Mala-Sule,
zehntausend Tagereisen weit,
da gibt es eine Schule
für Ungezogenheit.
Da lügt man und trotzt man,
da brüllt man und rotzt man
und wer dort am lautesten tobt,
der wird sehr von dem Lehrer gelobt.

Erst sind die Kinder peinlich
bescheiden, still und artig.
Es gilt ganz unwahrscheinlich:
So sind sie von Natur.
Und erst in der Schule im Land Mala-Sule
lernt jedes mit Mühe und Fleiß,
was hier schon das fleißige Kind weiß.

Erst lernt man dort die Sitte,
daß man sich nimmt bevor man fragt.
Und daß man auch nicht bitte

[4] Hoffmann, H.: a.a.O., S. 2

und ja nicht danke sagt.
Beim Essen zu schmatzen,
dazwischen zu schwatzen,
das lernen die meisten noch leicht.
Dieses Klassenziel ist bald erreicht.
Dann kommt die zweite Klasse,
da lernt man wie man schmutzig wird:
daß man das Wasser hasse
und sich mit Dreck beschmiert.
Der Hals und die Ohren
bis tief in die Poren
muß man schwarz sein mitsamt dem Gesicht:
So lautet die bittere Pflicht.

Und ist man recht schön schmierig
von vorn bis hinten, von Kopf bis Fuß,
dann wird die Sache schwierig,
weil man jetzt lernen muß,
auch Sofas und Decken
und Böden verdrecken
und daß, sind die Schuhe beschmutzt,
den Abstreifer niemand benutzt!

Ich kenne ein paar Kinder,
(dabei hab ich nicht dich im Sinn!),
für die wär's viel gesünder,
man schickte sie dorthin.
Doch fern liegt das Land
Mala-Sule genannt,
drum müssen bei uns sie versauern,
was wir alle mit ihnen bedauern.[5]

Nehmen wir Kindheit in seiner umfassenden Bedeutung ernst, gibt es eine Reihe physischer und psychischer Grundbedürfnis-

[5] Ende, M.: Der Niemandsgarten, Stuttgart, 1998, S. 160f

se, deren Erfüllung die Erziehungsaufgabe des Erwachsenen ausmacht.
Man könnte diese äußeren Notwendigkeiten unter den Begriff der „Bringschuld" des Erwachsenen zusammenfassen. Das Kind braucht, um sich sicher und gehalten zu fühlen, den Raum des Versorgtseins und der Geborgenheit. Es braucht den Schutz einer Familie, das kontinuierliche persönliche Beziehungsangebot, das neben der äußeren Versorgung auch die emotionale Ansprache, die gefühlsmäßige Bezogenheit garantiert. Über die Familie kann sich das Kind sozial eingebunden fühlen in ein Netz, das in Form von äußerer Sicherheit Orientierung in der Welt verspricht.
Betrachtet man diese wünschenswerte Realität unter dem Aspekt der Polarität von Traum und Alptraum, so stünde dem Traum dieser skizzierten Sicherheit und Geborgenheit, dem guten Gefühl der sicheren Orientierung in der Welt, der Alptraum der Trennung und des Alleinseins gegenüber. Tragödien zerbrechender Familienstrukturen, problematischer neuer Konstellationen unter dem Begriff „Patchworkfamilie", vermitteln nur zu häufig das Erleben des Ungehaltenseins in Einsamkeit und Verzweiflung.
Neben Geborgenheit, neben Halt und Beziehung braucht das Kind im Laufe seiner Kindheit jedoch gleichermaßen Autonomieangebote und Impulse zur Selbständigkeit. Es ist darauf angewiesen, seine eigenen Kräfte und Möglichkeiten zu erproben und über Erfolgs- und Misserfolgserlebnisse ein wachsendes Gefühl von Selbstbewusstsein und der Sicherheit eigenen Wertes zu entwickeln. Auf diesem Boden wächst Eigeninitiative und Kreativität.
Es ist wichtig, die Kinder anzuregen, im eigenen schöpferischen Tun ihre Individualität zu erfahren, zu merken, dass das eigene Schaffen Befriedigung und die Erfahrung eines eigenen unverwechselbaren Wertes garantiert.
Ein Alptraum unter diesem Aspekt ist die von Eltern häufig geübte Überforderung im Sinne eines hohen Leistungsanspruchs, aber ebenso die Unterforderung, die sich als unange-

messene Verwöhnung, damit als künstliche Kleinhaltung und Entmachtung darstellt. Weil Kinder das existentielle Bedürfnis nach Halt haben, weil sie sich an den Eltern orientieren müssen, um sich geborgen zu wissen, sind sie in der Gefahr in Abhängigkeit gebunden zu werden. Die Autorität „Eltern" weiß allein, was für ein Kind gut und richtig ist und versucht diese Meinung liebevoll oder autoritär durchzusetzen.

Kinder müssen jedoch lernen eine eigene Position zu entwickeln, sich kritisch eine Meinung zu bilden, Konsequenzen einer Fehlentscheidung selbst zu tragen, um in kleinen Schritten Autonomie zu entwickeln.

Verharren sie im Stadium der Autoritätsgläubigkeit, werden Massendenken, Kritiklosigkeit, Manipulierbarkeit gefördert. Es entwickelt sich häufig als Folge eine selbstverständliche Anspruchshaltung, die nicht selten aus unterschwelliger Enttäuschung, der Empfindung einer Sinnlosigkeit des Lebens zur verzweifelten Suche nach Inhalt führt. Suchtgeprägte Jagd nach Vergnügen, nach Abwechslung, Anregung, nach dem „Kick", spiegelt die innere Sackgassensituation, die die Autorin Ruth Martin mit dem Begriff 'funaholic' charakterisiert. Es ist die Sucht, dass „etwas laufen" muss und die damit verkoppelte Angst vor Ruhe, vor Selbstbesinnung, vor dem Ausatmen. Sie schreibt folgende bemerkenswerte Sätze zu diesem Alptraum von Kindheit:

„Der allgemeine Überfluss, das schier unüberschaubare Angebot an Freizeitaktivitäten haben zur Folge, dass viele Menschen die Orientierung und die Selbstkontrolle verloren haben. Alles mitnehmen, das ist die Devise und so entsteht der Trugschluss, ein mit Events vollgestopftes, sei ein erfülltes Leben.

Auf diese Weise hindert der Zeitraffer 'Versäumnis-Angst' die Menschen daran, das Geschehen im Hier und Jetzt bewusst wahrzunehmen, weil sie zwar physisch anwesend, psychisch jedoch nicht präsent sind. In Gedanken befinden sie sich nämlich schon wieder auf dem Absprung zum nächsten Happening. Durch diese Zerrissenheit geraten die Menschen in ein absurdes Dilemma. Aus Angst vor Zeitverschwendung sind sie schlicht blockiert. Sie können ihre Zeit nicht sinnvoll nutzen. Es bleibt das Problem des Gefühls von Leere."[6]

Schließlich braucht das Kind, im Prozess des Heranwachsens in zunehmendem Maße Gelegenheiten, um für sich zu lernen, eigenverantwortlich zu sein, zu erfahren, dass es selbst „seines Glückes Schmied" ist. Aus dem Mut zur Selbstverantwortung wächst wie selbstverständlich auch die Bereitschaft, Verantwortung für andere in angemessenem Maße zu übernehmen, ohne sich selber aufzugeben. Hier gewinnt die Umkehrung des Bibelwortes „sich selbst so sehr zu lieben wie den andern", eine neue Dimension. Es geht um die Ermutigung, dass ein Kind wagt, sich selbst seine Entwicklungsfreiheiten zu nehmen. Mit wachsender Selbst-Sicherheit lösen sich die Konflikte von Bindung und Distanz, von Abhängigkeit und Eigenständigkeit zu harmonischen Kompromissen, die weder angstvolle Zwänge noch Schuldgefühle bewirken.

Legt man den Schwerpunkt auf das innere Erleben des Kindes, auf die qualitativen Erfahrungen, werden die verinnerlichten Bilder, die sich aufgrund des äußeren Erlebens aufbauen, bewusst oder unbewusst entscheiden, ob Kindheit ein Traum oder ein Alptraum war.

Im Vordergrund steht hierbei die „Seinsschuld" des Erwachsenen, das heißt, die Frage nach seiner Person und dem, was er dem Kind als Vorbild mit auf den Weg gibt. Über sein Vorleben vermittelt der Erwachsene, wie weit eigene Bedürfnisse angst- und schuldfrei anzuerkennen und zu verwirklichen sind, gleichzeitig aber auch die Bereitschaft, sie mit den Bedürfnissen, dem Anspruch der Umwelt in eine angemessene Relation zu setzen. Es ist das Pendeln zwischen persönlicher Verwirklichung und dem Impuls, sich dem anderen zur Verfügung zu stellen. Einseitigkeit des einen Pols heißt Überbetonung der persönlichen Perspektive, mit der Konsequenz von Egozentrik und Rücksichtslosigkeit bis zur Willkür. Je unabhängiger von

[6] Martin, R.: Stuttgarter Zeitung, 8. 8. 1998

der Umwelt, desto mehr Sicherheit scheint hierbei die weitgehend unbewusste Devise zu sein. Das bedeutet psychologisch, dass jede Nähe, weil sie keine sichere Garantie für Vertrauen und Geborgenheit in sich zu tragen scheint, vermieden werden muss. Es liegt auf der Hand, dass hier die Wurzel vielschichtiger Beziehungsprobleme verborgen liegt.
Werden umgekehrt die Bedürfnisse der Umwelt und deren Befriedigung vorrangig gesehen, entsteht ein Übermaß an Abhängigkeit vom anderen. Der Selbstwert definiert sich vor allem über die dienende, fürsorgende Haltung. Damit wird das Objekt, und das kann häufig das eigene Kind sein, gebunden, um in unbewusster Zielsetzung eigene ängstigende Reifungsschritte zu vermeiden. Hierzu gehört Eigenständigkeit, der Mut zum „Nein" und die Bereitschaft, einen möglichen Liebesverlust auszuhalten. Aber häufig erscheint der in der Kindheit gelernte, der leichtere Weg: Sich anpassen, sich zur Verfügung stellen mit dem zweifelhaften Gewinn, sich als Opfer fühlen zu können. Die Kehrseite dieser Lebenseinstellung ist die Schwierigkeit, Alleinsein zu akzeptieren und zu gestalten. Dahinter steht die Angst vor Distanz, vor der Zumutung, sich individuell zu profilieren und damit eigenverantwortlich zu handeln.
Kindheit als Traum verlangt, dass ein Kind zunehmend sicherer wird, zwischen eigenen Bedürfnissen und denen der Umwelt, zwischen eigenständigen und bezogenen Persönlichkeitsanteilen zu unterscheiden, um in Ausgewogenheit sowohl individuelle Bedürfnisse zu verwirklichen, als auch kollektive Ansprüche zu akzeptieren; ein freier Grenzgänger zwischen Selbstverwirklichung und Selbstbegrenzung zu werden.
Psychologisch bedeutet das, Autonomie- und Abhängigkeitswünsche, Eigen- und Fremdinteressen zu erkennen und je nach Situation die optimale Mitte zu finden. Erzieherische Aufgabe ist es, das Kind beim Auspendeln von Nähe- und Distanzbedürfnissen liebevoll zu stützen, ihm die Ambivalenz beiden Tendenzen gegenüber zuzugestehen und ihm zu helfen, die Angst vor einer Festlegung zu bewältigen. Es muss erfahren, dass das Leben sich nicht in einem „Entweder-Oder", sondern

in einem „Sowohl-als-auch“ vollzieht. Diese Erfahrung kann das Kind im Umgang mit dem Spiel von klein auf erfahren. Mit dem anderen spielen stärkt Verbundenheit und Bezogenheit, fördert die Sicherheit sozialer Integration. Allein zu spielen stärkt das Selbstwertgefühl, unterstützt den Umgang mit Kreativität und stärkt die Phantasietätigkeit. So können Nähe und Distanz als entwicklungsfördernde Erfahrungen integriert werden. Selbstbewusstsein in der Interaktion zwischen Ich und Du wäre ein stabiles Bollwerk gegen Minderwertigkeitsgefühle, Unsicherheiten und Selbstzweifel, die in entwicklungsbedingten Schwellensituationen vermehrt aufbrechen. Dabei kann das Kind am Vorbild des Erwachsenen die Bedeutung von Eigenständigkeit, Initiative erleben, um seinerseits den Mut zu entwickeln, im Bedarfsfall auch gegen den Strom zu schwimmen. „Ja“ und „nein“ zu sagen, zur rechten Zeit, am richtigen Ort und vor allem in Übereinstimmung mit den eigenen Empfindungen, erlaubt, ein Leben in Selbstachtung, Würde und Mitmenschlichkeit zu führen.

So entsteht ein selbstverständlicher Schutz vor Maßlosigkeit und Sucht, die vordergründig Traum, später zu einem Alptraum der Kindheit und des Erwachsenseins werden.

Eltern und Erzieher vergessen häufig, dass Kindheit nicht dadurch zum positiven Traum wird, dass antithetisch zu eigenen belastenden Erfahrungen erzogen wird. Indem einem Kind all das ermöglicht wird, was dem eigenen Kindsein versagt war, antwortet man lediglich auf den eigenen Alptraum und nimmt erneut Kindsein, diesmal in der nächsten Generation, nicht wahr. Damit wird unversehens der Alptraum der Vergangenheit in neuer Variante aufgelegt, nur mit umgekehrtem Vorzeichen: Wieder prägen nicht die Bedürfnisse des Kindes den Erziehungsstil, sondern die eigene Bedürftigkeit.

So entwickeln sich kollektive Alpträume: War die Kindheit der heutigen mittleren Generation eher von Forderung und Überforderung geprägt, mit den Konsequenzen der eingeschränkten Selbstwahrnehmung bis Selbstverleugnung, neigt die jetzige Generation dazu, sich in sattem Anspruchsdenken passiv konsumierend zurückzuziehen, weil sie über die Maßen beäugt und von jeder Forderung verschont wurde. Am eindrücklichsten schildert das der junge Erwachsene Peter König in seinem Artikel „Wir Vodookinder“:

„Versucht nicht, uns zu verstehen. Ihr könnt uns untersuchen, befragen, interviewen, Statistiken über uns aufstellen, sie auswerten, interpretieren, verwerfen. Theorien entwickeln und diskutieren, Vermutungen anstellen, Schlüsse ziehen, Sachverhalte klären, Ergebnisse verkünden, sogar daran glauben. Unseretwegen. Aber ihr werdet uns nicht verstehen. Wir sind anders als ihr. Wir kopieren eure Moden und Utopien, wir haben von euch gelernt, wie man sich durchwindet, durchfrisst. Wir sind alle kleine Schmarotzer in euren Häusern, behütet durch dicke Polster aus Wohlstand, die angelegt wurden, weil wir es einmal besser haben sollten. Wir nehmen eure Wohnungen und euren Besitz in Anspruch. Warum sollen wir nicht noch mehr wollen, wenn wir schon alles haben; unsere Ansprüche sind groß und selbstverständlich und einer Konsumgesellschaft angemessen. Wir nutzen eure Welt, aber wir verweigern das Nacheifern, funktionieren anders und deshalb kann man uns nicht mehr mit früher vergleichen.“[7]

Ein Alptraum für Heranwachsende, ein Alptraum für die Elterngeneration!

Kindheit soll, muss ein Traum sein, um die notwendigen Voraussetzungen zu schaffen, ein bewusster, wacher und den Schwierigkeiten der Zukunft gewachsener Erwachsener zu werden. Um dies zu erreichen, sollte ein Kind zunächst das Recht haben, wirklich Kind sein zu dürfen. Hier kommt dem Spiel des Kindes eine ganz besondere Bedeutung zu. Schiller formuliert es so: „Der Mensch ist nur da ganz Mensch, wo er spielt.“[8] Menschsein bedeutet demnach, den spielerischen Umgang mit der Welt und mit der eigenen Person gelernt zu haben. Diese

[7] König, P., zit. nach Oberste-Lehn, H., in: Generation Y, Stuttgart, 1994

[8] Schiller, F.: Über die ästhetische Erziehung des Menschen, Ges. Werke, Bd.12, Stuttgart-Tübingen, 1838, S. 65

Einstellung zum Leben erleichtert die Entwicklung einer Flexibilität, die je nach Situation erlaubt, sich als Erwachsener sowohl mit rationalen Gesichtspunkten zu identifizieren, als sich auch immer wieder davon abzugrenzen und Leicht-Sinn zu besitzen, ohne leichtfertig zu werden. Darin eingeschlossen ist die Fähigkeit, nicht nur anzuerkennen was zu berechnen ist, sondern gleichermaßen wertzuschätzen, was dem Menschen zu-fällt, was geschieht. Mit dem Leben spielen heißt auf diesem Hintergrund, locker und flexibel die Vielfalt der Möglichkeiten zu sehen, sie als Wert anzuerkennen, damit umzugehen. Dann kann Heiterkeit und Gelassenheit entstehen, die sich in der Geduld ausdrücken, die gerade bei Kindern zu beobachten ist, wenn sie sich in ihr Spiel vertiefen: Eine Leichtigkeit, die gleichzeitig von Ernst und Hingabe geprägt ist. Hierzu gehört jedoch gleichzeitig, auch wenn es wie ein Gegensatz erscheint, die Lust, im rechten Augenblick spontan zu sein, zu handeln und zu reagieren, und auch darin sind Kinder die besten Lehrmeister.

Ein weiteres Moment einer positiven Dimension der Kindheit ist der freie Umgang mit Raum und Zeit, was die Möglichkeit in sich schließt, sich in den zeitlosen Räumen der Gegenwart zu verlieren. Ein schönes Beispiel für diese Fähigkeit ist Michael Endes „Momo".[9] Zeit gewinnt Momo dadurch, dass sie Lebenszeit verschenkt. Sie hört zu und wird selbst zu einem Pol der Muße.

Ruth Martin schildert das Problem des Umgangs mit der Zeit in ihrem Buch „Zeitraffer" folgendermaßen: „Zeitraffer stehlen unsere Zeit. Die Angst etwas zu verpassen ist oft die Triebkraft für unsere innere und äußere Rastlosigkeit. Wir rasen einem imaginären Glück hinterher. Doch vielleicht sind wir auch nur auf der Flucht vor uns selbst, aus Angst vor der inneren Leere."[10]

[9] Ende, M.: Momo, Stuttgart, 1970

[10] Martin, R.: Zeitraffer, Frankfurt 1996

Ein Kind kennt, wenn es sich selbst und seinem spielerischen Tun überlassen bleibt, keine innere Leere. Der Reichtum der Phantasie, der Ein-fälle, zeigt wie reich Zeit sein kann, wenn man sich ihr angstfrei überlässt.
Das zentrale Drehmoment eines Traumes, Kind zu sein und Kindheit als positiven eigenen Raum zu erleben, ist die Erfahrung, Gefühle zu äußern, sie angst- und schuldfrei leben zu können. Im Gegensatz dazu scheint es in unserer Zeit, vor allem bei Jugendlichen und jungen Erwachsenen existentiell wichtig zu sein, sich „cool" zu zeigen. Gefühlen Ausdruck zu verleihen, emotional zu reagieren, ist im höchsten Grade uncool. Damit spiegelt die junge Generation eine Verhaltensweise der Erwachsenen in grotesker Verzerrung, nämlich, vor sich und der Welt die eigentliche Befindlichkeit zu verbergen und sich dadurch vor befürchteten Verletzungen zu schützen. Aber nur die Nähe zum eigenen fühlenden Erleben, der Einbezug in lebendiges Erleben ermöglicht die Entwicklung von Willensstärke. Bereits in den sechziger Jahren wurden in der Schweiz ausführliche Untersuchungen durchgeführt, die Gemüts- und Gefühlsverarmung in einen ursächlichen Zusammenhang mit Willensschwäche brachte.[11] Ein gemütvoller Mensch, der gelernt hat, in der Kindheit seinen Gefühlen Raum zu geben, kann zielorientiert träumen und handeln. Er wird ichstark sein Leben in die Hand nehmen und Möglichkeiten und Grenzen seines Ichs mit diesem Wollen ausloten und gestalten.
Ein letzter Punkt im Rahmen des Wunsches, Kindern eine Kindheit als Traum erlebbar zu machen, ist der Umgang mit dem Alleinsein. Menschen müssen lernen, sich mit sich beschäftigen zu können, unabhängig zu sein von der Umwelt, von ihren zerstreuenden Anregungen. Kinder sind auf Anregungen angewiesen, die ihnen erlauben, ihre Interessen zu entdecken, sie zu pflegen und zu verwirklichen. Sich mit sich selbst zu befassen, für Objekte und Subjekte offen zu sein, fördert die all-

[11] Moor, P.: Heilpädagogische Psychologie, Bern, 1965

gemeine Aufmerksamkeitshaltung. Insofern haben die heute so häufig beklagten Konzentrationsstörungen der Kinder und Jugendlichen den Hintergrund, dass sie nicht gelernt haben, in Einsamkeit mit sich selbst Gemeinsamkeit auszuhalten. Sie haben nicht in sich selbst die Fülle eigener Möglichkeiten, den fruchtbaren Acker, den es zu pflegen gilt, entdeckt. Erst die Fähigkeit, es mit sich allein auszuhalten, ermöglicht darüber hinaus soziale Bezogenheit. Jemandem, der die eigene Person nicht als wertvollen Kontakt erleben kann, fehlt die Freiheit, Beziehungen zu anderen herzustellen, weil er zwangsläufig das Urteil eigenen Unwertes in die Vorstellungen der Umwelt hineinprojiziert. So fühlt er sich schnell benutzt, missbraucht und je nachdem fallengelassen, ohne zu merken, dass er dasselbe mit der Welt tut. Die Gegenperspektive wäre der Mensch, der den anderen als eigenständiges Gegenüber einstuft, das nicht zur eigenen Bedürfnisbefriedigung, sondern zur Bereicherung menschlichen Seins existiert.
Im Bemühen, Kindsein zu pflegen und zu fördern, müssen zunächst die unterschiedlichen phasenspezifischen Entwicklungsnotwendigkeiten berücksichtigt werden. Es gilt, den schmalen Grat zwischen Überforderung und Unterforderung zu begehen und bereit zu sein, den eigenen Kurs in der Reflexion zwischen eigenen Bedürfnissen und denen der Kinder immer wieder neu zu überprüfen und gegebenenfalls zu korrigieren.
Kindgemäß mit Kindern umzugehen, heißt nicht, sich kindisch zu verhalten. Kinder sind sehr ernsthafte Menschen, die sich durch infantiles Erwachsenenverhalten schnell irritiert, entwertet, beschämt oder lächerlich gemacht fühlen. Es geht darum, seitens des Erwachsenen die Art des Redens und des Umgangs auf die kindliche Welt, auf ihre Sicht, ihre Perspektive einzustellen. Die Themen des Lebens berühren ein Kind genauso wie einen Erwachsenen, und es gibt kaum etwas, was von vornherein ausgeklammert werden müsste. Kinder nehmen viel wahr und machen sich ihre eigenen Gedanken. Sie ernst zu nehmen bedeutet, sie nicht undurchschaubaren Spannungssituationen zu überlassen, sondern zu versuchen, ihnen die Welt

ebenso wie Gefühlssituationen und Verhaltensweisen der Erwachsenen angemessen zu erklären. Das soll jedoch nicht heißen, ihr Kindsein zu früh mit der Erwachsenenproblematik zu überfrachten und ihnen damit ein Stück Kindheit zu nehmen, denn die Lebensperspektive eines Kindes gleicht noch nicht der eines Erwachsenen. Der Mut zu progressiven Entwicklungsschritten ist eng an die Erfahrung der Offenheit gebunden, das Leben so zu sehen, wie es ist, aber gleichzeitig geknüpft an die Geborgenheit gebende Erfahrung, in der Welt gehalten zu werden, um Wahrheiten ertragen und tragen zu können.
Kindsein ist ein Wert in unserer Welt. Nicht nur zu Weihnachten, um dem Fest dadurch Gehalt zu verleihen, dass strahlende Kinderaugen ein Gefühl flüchtigen Glücks bescheren. Kindheit ist darüber hinaus ein Wert, der Gleichgewicht garantiert innerhalb der Polarität von groß und klein, alt und jung, aktiv, passiv, aufsteigend, absteigend. Leben lebt vom Gegensatz, darum brauchen Kinder ebenso Erwachsene, wie diese die jungen Menschen. Kinder sollten jedoch nicht von der älteren Generation, weil sie sie als Ausgleich braucht, „konsumiert" werden. Sie sind Herausforderung, Kindsein ein ganzes Leben in sich selbst lebendig zu halten und zu pflegen und sich über Flexibilität und Neugier, inneres Jungsein zu bewahren.
Um diesem Gleichgewicht auch äußerlich Rechnung zu tragen, braucht Kindsein Spielräume. Kinderfreundlichkeit ist ein modisches Schlagwort, das nur zu häufig über die Realität hinwegtäuscht. Gibt es genügend Abenteuerspielplätze? Gibt es Freiräume, die Kindern erlauben sich auszutoben? Gehören gleichermaßen Kindergeschrei, lärmendes Spiel als selbstverständliches Element zum Erwachsenenleben dazu oder wird dieser Schatten der Lebendigkeit ausgeblendet, weggeschoben und als Belästigung empfunden? Subjektbezogen gehört kindliches Sein in „Unvernunft" als erhellendes, erleichterndes, Glück verheißendes Moment in die Welt, als Quelle von Heiterkeit und Lebensfreude.
Ellen Key hat bereits Anfang dieses Jahrhunderts vehement für

die Bedürfnisse des Kindes und des Kindseins plädiert. In ihrem 1902 herausgekommenen Buch „Das Jahrhundert des Kindes“ äußert sie viele Gedanken, die es Kindern erleichterten, ihre Kindheit als Traum zu erleben, aber gleichzeitig auch dem Erwachsenen eine Orientierung auf der Suche nach einer sinnstiftenden Basis für sein Dasein zu vermitteln. „Es bedarf ungeheurer Kräfte, um einem einzigen Kind gerecht zu werden. Das bedeutet durchaus nicht, dem Kinde jede seiner Stunden zu geben, aber es bedeutet, dass unsere Seele von dem Kind erfüllt sei.“[12]

Wenn es sich um den Blick in die Zukunft handelt, mehren sich heute depressive Kassandrarufe. Es wird die „Nutzlosigkeit, erwachsen zu werden“, beschrieben, angesichts eingeschränkter beruflicher Chancen. Wie sehen dagegen Lösungsmöglichkeiten aus, die Kindern und Jugendlichen positive Perspektiven zu einem lustvollen Erwachsenendasein eröffnen?

Kindheit ist nicht nur eine biologische Tatsache, Kindsein ist eine kulturelle Erfahrung. Kindsein bedeutet, offen zu sein für die Welt, offen für Veränderung, entwicklungsbereit, flexibel auf Neues zu reagieren und die Welt als progressive Herausforderung zu Wachstum und Reife anzuerkennen.

Kinderfreundlichkeit, Akzeptanz kindlicher Bedürfnisse im Menschen, ist Ausdruck einer positiven Zukunftsorientierung und damit der beste Schutz vor Lebens- und Todesangst. Kinder repräsentieren die Zukunft. Je verständnisvoller in der Gegenwart mit Kindern, mit kindlichen Haltungen, dem Kindsein schlechthin umgegangen wird, desto positiver, mutiger, vertrauensvoller werden sie als Erwachsene ihre Welt gestalten.

Kinder fühlen sich so wohl, wie das Schul- und Bildungssystem gut ist. Solange Schule in Gefahr ist, ausschließlich alte, tradierte Verhaltensweisen, Wissensinhalte in verstaubter Hülle weiterzugeben, sich am Gestern zu orientieren, statt an den Erfordernissen des Morgen, wird sie statt körperlicher und geisti-

[12] Key, E.: Das Jahrhundert des Kindes, Weinheim, 1992, S. 108

ger Beweglichkeit Starre, statt Neugier Rückzug, statt Offenheit Verschlossenheit fördern, und so Demotivation, Desinteresse, Resignation verstärken. Statt Neuorientierung und progressiver Aktivität nimmt Desorientiertheit, Chaos, Angst und Gewalt zu, was sich im heutigen Schulalltag in beunruhigender Weise immer stärker abzeichnet.

Hierzu nochmals Ellen Key:

„Der Schule der Jetztzeit ist es gelungen, was nach den Naturgesetzen unmöglich sein soll: Die Vernichtung eines einmal vorhanden gewesenen Stoffes. Die Kenntnisse, die Selbsttätigkeit und die Beobachtungsgabe, die die Kinder dorthin mitbringen, sind nach Schluss der Schulzeit in der Regel verschwunden, ohne sich in Kenntnisse oder Interessen umgesetzt zu haben. Das ist das Resultat, wenn die Kinder ungefähr vom 6. bis zum 18. Jahr ihr Leben auf den Schulbänken damit zugebracht haben, Stunde für Stunde, Monat für Monat, Semester für Semester, Kenntnisse zuerst in Teelöffel-, Dessertlöffel- und schließlich in Esslöffelportionen einzunehmen, mit Methoden, die der Lehrer oft aus Darstellungen aus dritter oder fünfter Hand zusammengebraut hat. Wenn die Jugend diesem Regime entrinnt, ist die geistige Essens- und Verdauungsfähigkeit bei einigen so zerstört worden, dass ihnen für immer die Fähigkeit fehlt, wirkliche Nahrung aufzunehmen.“[13]

Das, was 1902 die Pädagogin und Autorin bewegte, ist heute, fast 100 Jahre später, von beklemmender Aktualität.

Ein Aspekt, der auf lange Sicht in der Lage ist, Träume der Kindheit zu zerstören, ist die ständige Präsenz der Medien und die zunehmende Unfähigkeit der Menschen, mit dieser Scheinwelt angemessen umzugehen. Die Manipulation durch Elektronik und Technokratie fördert in hohem Maße Passivität und Konsumdenken, was mit einem Verlust der typischen Stärken des Kindseins einhergeht. Damit droht sich bereits heute ein Alptraum menschlichen Seins zu realisieren, den Neil Postman

[13] Key, E.: a.a.O., S. 144

folgendermaßen beschwört: „Es ist für die elektronischen Medien unmöglich, irgendwelche Geheimnisse zu bewahren. Ohne Geheimnisse aber kann es so etwas wie Kindheit nicht geben ... Die Vorstellungs- und Empfindungswelt der Kindheit ist endgültig dann abgeschafft, wenn die Kinder und Jugendlichen nur noch zu Erwachsenenwünschen fähig sind."[14]

Können Kinder heute noch kindgemäß wünschen? Wenn sie eine gute Fee überhaupt noch anerkennen, welche Wünsche würden sie ihr anvertrauen? Es sind zumeist Wünsche, die rational sind. Es geht um Geld und Statussymbole, es geht um Computer und Computerspiele. Phantasie, Märchenreiche und Luftschlösser haben in der Welt der heutigen Kinder kaum noch Raum.

Echte Kinderträume könnten das Land Phantasia[15] neu erschaffen, die Welt des Irrationalen, von Sehnsucht und Erfüllung wiederbeleben. Das heißt aber gleichzeitig zu wagen, sich dem Zeitgeist zu widersetzen, Irrationales, Unvernünftiges wertzuschätzen, Phantasie, emotionalen Reichtum und das Reich der weitgespannten Möglichkeiten gleichwertig neben die Realität zu setzen. Nur so kann die Tradition der Humanität wachgehalten und fortgeführt werden.

Unsere Kultur braucht, um eine menschliche Kultur zu bleiben, in der Menschsein und Menschlichkeit wieder einen zentralen Stellenwert bekommt, Kinder. Kinder brauchen, um Kindsein als einen Wert in sich aufzubauen, eine lebendige Kindheit. Ein waches, menschlichem Sein zugewandtes Leben braucht Träume.

Michael Ende hat dem unendlichen Reich Phantasia, das Wiege und Zentrum der Träume und damit des Lebens ist, in seiner „unendlichen Geschichte" ein mahnendes Denkmal gesetzt. Dieses Reich ermöglicht den Kontakt mit einer farbigen, reichen Welt, die seelisches Gleichgewicht erlaubt, weil es Träu-

14 Postmann, N.: Das Verschwinden der Kindheit, Frankfurt, 1983

15 Ende, M.: Die unendliche Geschichte, Stuttgart, 1979

me ernst nimmt und damit die Kräfte zur Auseinandersetzung mit der Realität stärkt. In seinem Nachlasswerk hat der Dichter diese andere träumerische Wirklichkeit in Bilder gefasst:

„Was das Kind des großen Zauberers MIRAKANDRA in seiner Spielkiste hat:
Einen alten Knopf von einer Windhose,
Ein getrocknetes Blütenblatt einer Windrose,
Ein buntes lebendiges Traum-Bilder-Buch,
Einen flüchtigen Gedanken auf Dauerbesuch,
Zwei goldene Haare aus einem Kometenschweif,
Ein schimmerndes Flaumfederchen vom Vogel Greif,
Ein Steinchen, das jemand vom Herzen gefallen,
Ein Samenkorn von einem Bäumchen Korallen,
Ein buntes Scherbchen von einem nicht mehr benützten Regenbogen,
Ein Stümpfchen von einem Irrlicht, das niemals jemand betrogen,
Einen winzigen Luftschlüssel zu einem Luftschloß,
Einen goldenen Hufnagel zu Pegasus Dichterroß,
Das Krönchen einer Bienenkönigin,
Eine Sparbüchse mit Sterntalern und Sterngroschen drin,
Eine alte Taschenuhr, die einmal im Leben die Wunschstunde schlägt,
Ein Steckenpferd, das einen ums Morgen-Land trägt,
Einen Kompass, der einem immer die Richtung zeigt, wo man Freude findet,
Ein Stück roten Faden, der eine sehr lange Geschichte zusammenbindet,
Einen dicken Kreisel, der manchmal Kinder kriegt,
Einen Luftballon der nur mit Lach-Gas fliegt,
Ein Taschenspiegelchen, mit dem man manchmal einen Blick in den Himmel tun kann,
Und ein Püppchen, mit einem Kleid aus Glückgespinst an,
Ein Knöchelchen, als Andenken vom freundlichen Tod verehrt und

Eine ganz kleine Muschel, in der man das ewige Sternenmeer singen hört.
Wenn du das alles sähest – du gäbst vielleicht nichts drauf:
Es sieht ganz gewöhnlich aus wie dies und das.
Ich wette, du würd´st es nicht glauben. Doch paß mal auf,
Vielleicht hast du selbst so was?“[16]

[16] Ende, M.: Der Niemandsgarten, a.a.O., S. 162f

Hans Hopf

# Unruhige, unbeherrschte und aggressive Kinder

## Ursachen und Therapie – aus der Sicht eines analytischen Kinder- und Jugendlichen-Psychotherapeuten

Unruhige Kinder mit Konzentrationsproblemen und mit der unzureichenden Befähigung etwas aus- und durchzuhalten, fallen auf, weil sie Sand ins soziale Getriebe bringen.
Die Diskussion über diese auffallenden Kinder läuft unter dem Stichwort „hyperkinetisches Syndrom." Dieses ist keineswegs ein Phänomen, das erst in unseren Tagen in Erscheinung getreten ist. Von Anfang an hat sich die Psychoanalyse auch mit Fragen zur Psychomotorik befasst.
In jedem Fall können wir feststellen, dass es sich bei der Diskussion um das hyperkinetische Syndrom zumeist keineswegs um neue Erkenntnisse handelt; in der öffentlichen Diskussion wird vielmehr oft nur häufig umetikettiert und alter Wein in neue Schläuche abgefüllt.
In ihrem lesenswerten Buch „Jeder ist Herakles" beschreibt Christiane Lutz[1] den jugendlichen Sagenhelden Herakles als gleichzeitig hochbegabt und hyperaktiv, also ohne hinreichende Fähigkeit zur Selbstkontrolle. Im ungesteuerten Affektdurchbruch tötet er schließlich sogar seinen Lehrer. Wie Herakles leiden heute die hyperkinetischen Kinder nach Meinung von Christiane Lutz an einem sprunghaften Wechsel zwischen verwöhnender Unterforderung und leistungsorientierter Überforderung, was adäquate Gefühlsreifung beim Kind verhindert. Auch hierauf werden wir noch zu sprechen kommen.
Das Urbild für diese Störung ist der Zappelphilipp aus dem Buch „Der Struwwelpeter" von Heinrich Hoffmann, wo so einprägsam gereimt wird:

„Er gaukelt und schaukelt,
er trappelt und zappelt
auf dem Stuhle hin und her.
Philipp, das missfällt mir sehr."

Mit dieser charakteristischen Figur hat der Autor wahrscheinlich einen Teil seiner eigenen Biographie verarbeitet. Hoff-

[1] vgl. Lutz, Chr.: Jeder ist Herakles. Süchtig handeln oder zum Ich entscheiden. Leinfelden-Echterdingen, 1997

mann verlor im ersten Lebensjahr seine Mutter und hat mit seinem Buch „Der Struwwelpeter" später seine Kindheit zu bewältigen gesucht, was Anita Eckstaedt[2] in ihrem bemerkenswerten Buch einfühlsam beschreibt.
Aber zurück in die heutige Zeit.
Rainer Winkel beschrieb bereits 1983 den Typus des heutigen Ich-schwachen Schülers in der folgenden, wie ich finde drastischen, aber zutreffenden Weise:
„... ewiges Herumhampeln und Mit-irgendetwas-Fummeln; permanentes Dazwischenreden und Herumgucken; selten Konzentriertsein und häufig aufbrausendes Recht-haben-Wollen; aber auch Tagträumereien und In-den-Walkman-Lauschen, ... plötzliches Den-Kopf-auf-den-Tisch-legen und sanftes Wegkippen oder auch abrupte Aggressionen und Zärtlichkeitsbekundungen."[3]
Um jene störenden Verhaltensweisen ein wenig präziser zu beschreiben, zitiere ich im folgenden aus dem Protokoll einer Unterrichtsstunde, das ich zur Einsicht bekam. Wir sind in der 3. Klasse einer Grundschule, es geht um einen 9-jährigen Jungen, den ich hier Kai nennen möchte.
Die Lehrerin spielt eine Kassette vor und Kai kommentiert lautstark: „Schon wieder so eine Scheißkassette."
Während die Lehrerin ihre Einführung fortsetzt, ruft er ständig etwas dazwischen. Plötzlich steht Kai auf, verlässt das Klassenzimmer, um seinen Schulranzen zu holen, der noch auf dem Gang steht. Dabei blickt er ins Heft einer Mitschülerin, kommentiert, dass es voll ekelig aussehen würde. Kai setzt sich wieder, schreit aber bald laut auf, wie er denn etwas zeichnen solle, er habe schließlich kein Lineal. Er steht auf und will einem Mitschüler das Lineal wegnehmen, der sich jedoch entschieden und lautstark dagegen wehrt. Die Lehrerin führt Kai

[2] vgl. Eckstaedt, A.: „Der Struwwelpeter", Dichtung und Deutung, Frankfurt M., 1998

[3] Roth, H.-J.: Narzissmus, Selbstwerdung zwischen Destruktion und Produktivität, Weinheim, München 1990, S. 197

an seinen Platz zurück. Irgendwann steht er wieder auf, knipst den Lichtschalter an und kommentiert sein Tun wie folgt: „Leck mich am Arsch, isch des geil!“ Mit einem Mal schreit er, dass er jetzt aufs Klo müsse.
Ergänzend steht in dem Schulbericht: Der Junge nimmt längst in der Klasse eine Außenseiterrolle ein. Seine Reizschwelle ist niedrig. Aggressive Ausbrüche gegen die Lehrerinnen, wie verbale Beleidigungen, aber auch Treten und Schlagen wechseln mit einem kleinkindhaften Verlangen nach Zuwendung. Fast durchgehend kommt es zum stimmungsabhängigen Leistungsverweigern.
Das Verhalten des Jungen schwankt zwischen machohafter Angeberei und Größenphantasien und gelegentlichem Jammern, dass er nichts könne und ein altes Arschloch sei.
Vor allem ist nicht zu übersehen, dass der Junge keinerlei Regeln und Grenzen einhält, und dass sein Provozieren immer drängender wird, je unklarer und unsicherer der äußere Rahmen ist.
Herausragendes Kennzeichen seiner psychischen Struktur ist eine ausgeprägte Ich-Schwäche, die Unfähigkeit, sich zu konzentrieren, etwas aus- oder durchzuhalten, also auch Kritik, etwas aufzuschieben, Grenzen und Regeln einzuhalten, usw.
Kinder wie Kai können ihre Konflikte nicht erinnern und erleben. Sie neigen vielmehr dazu, diese in der Außenwelt regelrecht „in Szene zu setzen“. Die Psychoanalyse spricht in diesem Zusammenhang von Agieren, also einem impulsiven Handeln. Wir werden dieser Neigung immer wieder in der folgenden Fallgeschichte begegnen.
Welch groteske Formen es annehmen kann, wenn einem Kind mit solcher Symptomatik der Raum zum Agieren, also zum „Handeln in Gefühlen“, zur Verfügung gestellt wird, zeigt das folgende Beispiel.
Ich zitiere aus dem Brief einer Lehrerin. Sie berichtet darin von einem 10-jährigen Schüler, Kevin, der inzwischen die gesamte Grundschule tyrannisiert:
„Immer wenn sein Klassenlehrer einen Tag nicht da ist, mischt

Kevin seine Umgebung kräftig auf Die Vertretungslehrerin war geschafft, nachdem er ihr Sitzkissen begossen, in einen Pokal gespuckt und den Mitschülern Reißnägel unter den Po gelegt hatte. Ich kam gerade hinzu und bot mich an, Kevin eine Weile mitzunehmen. Die Lehrerin meinte, er habe wohl seine Tablette nicht eingenommen. Auf dem Weg in meine Klasse zeigte ich mich verstimmt über seine Taten und sagte, ob mit oder ohne Tablette, das gehe ja wohl so nicht.
„Habe ich auch nicht behauptet", entgegnete er trocken.
Meine Schüler arbeiteten gerade an verschiedenen Aufgaben. Ich erklärte ihm, dass wir gerade Freiarbeit machten und jeder leise sein müsse, um die andern nicht zu stören. Er könne an meinem Tisch sitzen und es wäre mir recht, wenn er die Karteikarten für mich ordnen könne. Innerhalb von 15 Minuten hatte er höchst konzentriert die Karten richtig geordnet, blieb dann die Stunde noch versunken in ein Buch sitzen, um wieder völlig ruhig in seine Klasse zurückzukehren.
Ich war verblüfft. Was waren wohl die Gründe, dass es heute mit ihm so gut ging?
Am Ende des Unterrichts sollte ich ihm eine halbe Tablette Ritalin geben. Dies ist ein Auftrag des Klassenlehrers, der das immer macht, weil die Wirkung sonst nicht ausreicht. Aber Kevin war verschwunden.
Da ich Schulschluss hatte, ging ich bei ihm vorbei und verabreichte sie ihm zu Hause.
Es waren noch drei andere Kinder da, aus verschiedenen Beziehungen der Mutter, diese war nicht anwesend und würde erst am Abend wieder zurückkehren."
Was waren wohl die Gründe, dass es heute mit ihm so gut ging, fragte sich die Lehrerin. Es ist augenfällig, wie sehr der Junge einerseits nach Zuwendung schreit, aber auch, wie positiv er auf klare Grenzen und den damit verbundenen Halt – in doppelter Hinsicht reagiert. Denn unstrukturierte Kinder kommen, wie es Kevin seiner Lehrerin nachhaltig zeigte, aus unstrukturierten Verhältnissen.
Was haben diese beiden Jungen miteinander gemein? Neben

einer exzessiven Ruhelosigkeit und einem erheblichen Aufmerksamkeitsdefizit beeindruckt vor allem die mangelhafte Fähigkeit, äußere und innere Grenzen wahrzunehmen. Deutlich wird auch ein Bedürfnis, immer weitermachen zu müssen, immer wieder Grenzerfahrungen zu suchen, weil diese Jungen – und es sind fast immer Jungen – nicht fähig erscheinen, sich selbst zu begrenzen. Die Beziehungspersonen werden in die Rolle eines Aufsehers gedrängt, welcher Grenzen setzen und vielleicht auch unbewusste Strafbedürfnisse befriedigen soll. Das macht diese wiederum unzufrieden, und oft beginnen sie sich und diese Kinder zu hassen. Bei anderen Gelegenheiten zeigt sich auch eine außerordentliche Kränkbarkeit jener Kinder: Bereits geringe Einschränkungen werden als Bedrohung erlebt und können blitzartig destruktive Wut nach sich ziehen. Aber vor allem wird der durchgängige Wunsch spürbar, über auffällige Handlungen beachtet zu werden.

Wir können das so verstehen und in psychologischen Begriffen beschreiben: Das Ich des zuletzt beschriebenen Jungen ist zu schwach, um steuernd mit bedrängenden Impulsen umzugehen. Die Lehrerin stellte sich ihm als Hilfs-Ich zur Verfügung, welches es zuverlässig, aber auch unnachgiebig tut. Ob es richtig ist, ihm, wie dem Säugling seine Flasche, in der Schule sein Amphetamin zu verabreichen, ist wohl die Frage. Erkennbar wird jedenfalls, wie sehr Kevin letztendlich dagegen protestiert, zum psychisch Kranken gemacht zu werden, aber, wenn es denn schon so ist, diese Rolle trotzig ausfüllt.

Im folgenden will ich diskutieren, welche Ursachen ich für die Entstehung des hyperkinetischen Syndroms verantwortlich mache. Hierzu bedarf es einer Vorbemerkung.

Jede psychische Erkrankung trifft auf eine konstitutionelle Bereitschaft des Individuums, eine spezielle neurotische Erkrankung zu entwickeln. Hieraus entstehen komplizierte Wechselwirkungen, die es schwer machen, die eigentlichen Ursachen zu erkennen. Beispiel: Bei einer Depression ist der Hirnstoffwechsel verändert, gleichzeitig liegt ein verstehbarer psychologischer Zusammenhang vor. Dies führt immer wieder zu vermeintlich konträren Erklärungen: Sind Depressionen nun somatisch oder psychisch verursacht? Dieser Streit entfällt, wenn anerkannt wird, dass eine Depression immer eine psychosomatische Erkrankung ist.

Es ist selbstverständlich, dass auch eine psychoanalytische Betrachtungsweise immer biologische Dispositionen anerkennt. Im Falle des sogenannten hyperkinetischen Syndroms sind es vielleicht eine angeborene besondere Sensibilität und ein zu geringer Reizschutz. Wir verstehen hierunter angeborene physiologische Funktionen des Säuglings, sich vor einem Übermaß an äußeren Reizen zu schützen. Bekanntlich befähigt die Einrichtung eines Reizschutzes den Menschen, die Mengen psychischer Energie, die durch den Reiz im Ich ausgelöst werden, ökonomisch so zu verteilen, dass das Spannungsniveau niedriger wird und sein Seelenleben zur Ruhe kommt.[4]

Später reifen die Ichfunktionen weiter heran, welche uns vor zu bedrohlichen innneren und äußeren Signalen abschirmen können. Es gibt von Geburt an dünnhäutige, überempfindliche Kinder. Ihre Unruhe löst natürlich entsprechende Verhaltensweisen bei ihren Eltern aus, lässt in ihnen bestimmte Bilder entstehen, und die angeborenen Eigenschaften der Kinder werden so zum Kristallisationspunkt von elterlichen Konflikten. Angeborene Eigenschaften werden also immer erhebliche psychische und soziale Folgen haben.

Die in der neurologischen Literatur beschriebenen Auffälligkeiten weisen darauf hin, dass die Informationsverarbeitung gestört ist – jene Kinder können mit den sie überflutenden Reizen, von innen oder von außen, nicht angemessen umgehen. Allerdings: Auch wenn physiologische Veränderungen beobachtet werden, ist damit keineswegs eine rein organische Verursachung festgestellt, sondern immer das Ergebnis einer Wechselwirkung von angeborenen und sozialen Bedingungen.

Kehren wir nach diesem Exkurs zu den unruhigen und auf-

[4] vgl. Nunberg, H.: Allgemeine Neurosenlehre, Bern, Stuttgart, 1959, S. 64

merksamkeitsgestörten Kindern zurück.
In meinen folgenden Betrachtungen will ich als Psychoanalytiker nach dem Sinn der vermeintlich sinnlosen Handlungen jener Kinder fragen. Denn Psychoanalytiker sind davon überzeugt, dass jedes Symptom, jede Verhaltensweise eine Bedeutung besitzt, die vor dem Hintergrund der inneren Welt des Kindes und seiner Lebensgeschichte verstanden werden kann. Geschieht dies, wird klar, welche Ursachen für die Entstehung dieser Störung verantwortlich sind und welche Form von Behandlung ein Kind braucht.

## Falldarstellung – Sven, der Hyppi

Kinder mit einem hyperkinetischen Syndrom werden gelegentlich auch – wie ich denke zynisch-gleichmacherisch – Hyppis genannt, und tatsächlich gibt es mittlerweile Selbsthilfegruppen für Hyppis und Trülis, das sind übrigens jene Kinder, die nur ein Aufmerksamkeitsdefizit aufweisen. Der 9-jährige Sven zeigte alle zuvor erwähnten Symptome in der ausgeprägtesten Weise:
- Er konnte sich nicht beherrschen,
- konnte nichts durchhalten und
- konnte sich vor allem nicht längere Zeit konzentrieren.
- Er war in ständiger Unruhe, unaufhörlich getrieben und in Bewegung.

Nun kennen wir das alle auch aus eigener Erfahrung: Während heftiger Erregungszustände, bei Freude, Angst, Wut, gelingt es uns gelegentlich auch nicht mehr, Gefühle ausschließlich in uns und in der Phantasie zu behalten, und auch bereits reifere Persönlichkeiten können schon mal mit Auf- und Abgehen, Händeklatschen, zitternden Beinen, Nägelkauen, etc. reagieren. Das geschieht jedoch dann, wenn wir an unsere Grenzen stoßen und das Fass mit den Gefühlen zum Überlaufen kommt.

Bei Sven war das allerdings immer so. Er konnte sich – wie schon gesagt – nicht beherrschen, konnte nichts durchhalten und konnte sich vor allem nicht längere Zeit konzentrieren.
Sven wollte immer der Größte sein, er setzte andere Kinder herab, kränkte sie und zerstörte gelegentlich sogar deren Sachen. Außerdem litt der Junge an häufigen Kopfschmerzen und hatte deutliche Essprobleme. So fand er keine Freunde, zunehmend erfuhr er wegen seines Verhaltens Ablehnung, und bald war er zum Sündenbock geworden.
Die Probleme mit dem Jungen hatten bereits im ersten Lebensjahr begonnen. Schon damals war er sehr unruhig gewesen und hatte nur selten durchgeschlafen. Als Sven in den Kindergarten kam, konnte er sich an keinerlei Regeln halten, schlug die anderen Kinder, aber auch die Erzieherinnen, trat und beleidigte sie, nicht selten mit übelsten Ausdrücken. Dieses Verhalten veränderte sich auch nicht, als er in einen speziellen Kindergarten kam. Auch dort rannte er ständig herum, störte andere Kinder beim Spiel, warf mit Spielsachen und gelegentlich sogar mit Stühlen, zerstörte, was andere Kinder konzentriert und kreativ aufgebaut hatten. Auch hier gewann er natürlich keinerlei Freunde.
Ab dem 5. Lebensjahr erhielt Sven Ritalin, was nach Aussagen der Eltern die Aufmerksamkeitsstörung und sein soziales Verhalten etwas besserte. Eine ambulante Psychotherapie bei einer niedergelassenen Psychotherapeutin brachte keine sichtbare Besserung, weitere Symptome machten das Zusammenleben in der Familie, aber auch in anderen sozialen Gefügen nur schwer erträglich: Sven musste eine Schule für Erziehungshilfe besuchen.
Wie sah die Vorgeschichte dieses schwer gestörten Kindes aus? Aus Gründen der Diskretion sei lediglich soviel gesagt, dass Sven ein unerwünschtes Kind war und in seinen ersten Lebensjahren vielfältige Beziehungsabbrüche erlebt hatte. Die Mutter war mit 17 Jahren von einem damals 21-jährigen Mann schwanger geworden. Bei der Geburt war das Kind klein und untergewichtig, es trank von Anfang an schlecht, und die Mut-

ter schildert den kleinen Sven aus heutiger Sicht als dünnhäutig, schreckhaft und ängstlich. Er habe sehr viel geschrien, manchmal so heftig, bis er ganz blau angelaufen sei. Weil der Junge aber so bedürftig erschien, wurde ihm alles gewährt, und es wurden ihm auch kaum Grenzen gesetzt. Dieses überbeschützende, verwöhnende Verhalten der Eltern setzte sich auch weiterhin fort, mittlerweile hatten die Eltern sichtlich Angst, ihm noch etwas zu verweigern, weil sie seine heftigen Affektdurchbrüche fürchteten.

Denn inzwischen ertrug der Junge nicht mehr auch nur geringste Frustrationen.

Die ambulante Psychotherapie des Jungen hatte keine ausreichenden Veränderungen erbracht, so dass er in eine psychotherapeutische Einrichtung gebracht wurde. Im folgenden möchte ich aus der stationären Psychotherapie des Jungen berichten.

Sofort, als Sven im Therapiezentrum ankam, gab es ringsum Auseinandersetzungen, da er sich absolut respektlos zeigte und keinerlei Grenzen akzeptieren mochte.

Er tobte durchs Haus, scheinbar ohne jemanden zu bemerken, rutschte das Treppengeländer herunter, gab ununterbrochen Geräusche von sich, sang, schrie, pfiff, stürzte sich auf eine beliebige Person und geriet in ständigen Streit mit den anderen Kindern.

Nach wenigen Tagen verschwand dieses Verhalten, und Sven zeigte mit einem Mal eine heftige Heimwehreaktion, wie sie andere Kinder niemals gezeigt hatten. Er weinte immer wieder, aß nichts mehr, nahm nicht mehr am Gruppengeschehen teil. Er wollte nicht mehr hierbleiben und klagte über heftige Kopfschmerzen.

Mit einem Male wirkte er klein und zerbrechlich. Er begann nachdrücklich nach seinen Tabletten zu verlangen und meinte, dass es ihm erst besser ginge, wenn er sein Ritalin und Aspirin bekäme, denn die Psychopharmaka waren zu Beginn seines Aufenthaltes vom Arzt abgesetzt worden.

Kurz darauf setzte die Unruhe Svens mit voller Wucht von neuem ein.

Er konnte sich abermals mit nichts beschäftigen, sichtlich keine dauerhaften Beziehungen eingehen, lief wieder nur herum und versuchte vor allem immer wieder, andere Kinder zu kränken und herabzuwürdigen. Zunehmend wirkte er wie ein Strudel, in den andere Kinder mit ihrem Verhalten und ihren Affekten hineingezogen wurden.

Sven zeigte sich in seiner ganzen extremen Dünnhäutigkeit, mit seinen durchlässigen Ichgrenzen, und er hielt darum einfach nichts aus: Er konnte nicht stillsitzen, nicht aufmerken, nicht spielen, alles mündete über kurz oder lang in eine hektische Unruhe.

Andererseits infizierte er die Kinder mit seinem unruhig-aggressiven Verhalten, indem er sie störte, sie ebenfalls aggressiv machte, so dass sich in der Gruppe bald extreme Unruhe ausbreitete. Er bewies also auch eine ausgeprägte Fähigkeit, seine Erregung in anderen Menschen unterzubringen.

Sven war zudem unfähig, sich in irgendeiner Weise kreativ zu beschäftigen. Er störte beim Geschichten-Vorlesen, brach so gut wie jedes Spiel ab, störte andere beim Spielen und langweilte sich ununterbrochen. Es war, als stünde er ständig unter Strom und könnte seine Spannungen nicht anders als motorisch abführen.

Nicht nur, dass er ständig nach seinen Tabletten jammerte, auch bei den Mahlzeiten zeigte er ein extrem gieriges Verhalten, mochte nicht warten, und aß sichtlich, ohne genießen zu können.

So wurde immer deutlicher eine Suchtstruktur erkennbar. Besonders eindrücklich zeigte sie sich anfänglich im Bereich seiner Psychopharmaka, nach denen der Junge – wie schon erwähnt – ständig verlangte und von denen er psychisch abhängig gewesen war. Augenfällig wurde die Suchtstruktur aber auch in den geschilderten Verhaltensformen beim Essen und beim Verzehr von Süßigkeiten. Immer musste Sven etwas im Mund haben.

Es war, als müsse er eine grenzenlose Bedürftigkeit stillen, eine extreme innere Leere auffüllen.

Es schien dabei so, als könnte er seine Grenzen nicht spüren, und forderte seine Beziehungspersonen auf, ihn – wie bisher seine Eltern – mit Süßigkeiten zu versorgen. Da dies nicht geschah, zumindest nicht in dem Maße, wie er es sich vorstellte, forderte er sie telefonisch und brieflich, aber auch bei Besuchen von den Eltern. Diesen fiel es, wie früher, schwer, ihm Grenzen aufzuzeigen, so wie sie es in anderen Bereichen auch nur schwer gekonnt hatten. Gelegentlich lief Sven herum, im Munde mindestens zehn Kaugummis wälzend.
Trotz ständigen Nachdenkens über Svens Verhalten in der begleitenden Psychotherapie, schickten ihm die Eltern anfänglich Pakete mit Süßigkeiten. Er suchte jetzt seine Spannungen und seine Unruhe mittels exzessiven Kaugummikauens zu bewältigen. Langsam begriffen seine Eltern, dass sie mit ihrer verwöhnenden Haltung das Suchtverhalten des Jungen geradezu förderten. Die Paketsendungen unterblieben, auch die Fresspakete anlässlich der Besuche. So musste der Junge im Laufe der Zeit immer mehr Frustrationen aushalten, was ihm anfänglich sehr schwer fiel, ihm jedoch zunehmend besser gelang. Erkennbar wurden winzige Fortschritte, wenn Sven nicht mehr gleich ausrastete, wenn er mit einem einzigen Kaugummi zufrieden war, wenn er seine Hausaufgabe nochmals machen musste, weil sie einfach nicht zu lesen war, und er lediglich ein wenig herummotzte.
Nach vielem Essen, aber auch in Trennungssituationen, z.B. nach Besuchen der Eltern, erbrach sich Sven regelmäßig, was zeigte, dass er auf einem niederen Level einer rein körperlichen Einverleibung fixiert geblieben war. Trennungen stellte er in körpernaher Weise dar, indem er Inneres nach Außen stülpte.
Gelang es ihm nicht, ausreichend Spannungen über seinen Bewegungsdrang abzuführen, richtete er sie nach innen und litt unter starken Kopfschmerzen, sehr häufig nachts.
Dann war er ein ganz kleines Kind, jammerte und wollte bemuttert werden. Anders als zu Hause bekam er jetzt kein Aspirin, sondern einen Kräutertee; es wurden ihm Geschichten erzählt, er wurde gekrault und in den Schlaf gesungen.

Für mich wurde an dieser Stelle deutlich, welche psychischen Defizite zu der vorliegenden schweren Störung geführt hatten. Wie zu Beginn erwähnt, hatte der Junge vielfache traumatische Trennungen erfahren, was zu einer Lähmung seines Phantasieerlebens und der Symbolbildung geführt hatte. Die Welt war nicht ausreichend mit symbolischer Bedeutung ausgestattet, so dass sie Sven nicht allzu sehr zu interessieren schien.
Sigmund Freud[5] hat einmal beobachtet, wie sein Enkelkind eine Garnrolle über sein Bettchen warf, dass sie verschwand, sie wieder zurückholte und ihr Erscheinen mit einem freudigen „Da“ wiederbegrüßte: Das Kind hatte Verschwinden und Wiederkommen der Mutter im Spiel dargestellt. Es hatte versucht, die Trennung von der Mutter symbolisch zu bewältigen. Wenn es einem Kind gelingt, sich vorstellen zu können, dass die Mutter wiederkommt, wenn es also Phantasien entwickeln kann, kann es auch Trennungen von der Mutter aushalten. Aufgrund seiner problematischen Kindheitserlebnisse, seiner traumatischen Trennungen war dies Sven nur unzureichend gelungen.
Erst Symbolisierungsfähigkeit gibt einem Kind die Möglichkeit, Trennungen samt den dazugehörenden Unlustgefühlen auszuhalten.
Sven hatte nicht die Fähigkeit entwickelt, Trennungen mittels Schaffung von inneren Bildern, Symbolen zu bewältigen. Aus diesem Grund hielt auch die Trauerreaktion, also psychischer Schmerz über das Verlassenwerden von den Eltern, anfänglich nur kurzzeitig an. Sven weinte ein wenig. Dann führte der Junge seine Gefühle wieder rein motorisch ab, auf dem Level eines Kleinkindes.
Wie der 1 1/2-jährige Enkel Freuds mit seiner Garnrolle, stellte er die Trennung von den Eltern dar, indem er sich erbrach und sich von seinem Einverleibten wieder trennte. Und trotzdem: Es war der Anfang einer Symbolbildung.

[5] Freud, S.: Jenseits des Lustprinzips, Studienausgabe Bd. III, Frankfurt M., 1975

Wie bereits erwähnt, konnte er an den Dingen nicht haften, weil ihm Symbole und Phantasien nicht ausreichend zur Verfügung standen. Denn wenn die Welt und die Dinge in ihr mit keiner symbolischen Bedeutung ausgestattet ist, kann auch kein Interesse an ihr entstehen, weshalb Sven natürlich keine Kreativität entfaltete und nicht spielen konnte. Darum trug Sven auch alle Gefühle und alle Beunruhigungen körpernah in die jeweilige Gruppe, um sich psychisch zu entlasten – und infizierte diese mit seinem Verhalten.
Allgemein bekannt ist ja, dass Kinder mit gestörten frühen Beziehungen mit psycho-motorischen Bewegungsmustern reagieren können, mit Daumenlutschen, mit Schaukelbewegungen oder überhaupt mit erhöhter Unruhe: Gefühlszustände, die nicht symbolisch und nicht verbal ausgedrückt werden können, werden über Körperreaktionen ausgedrückt. Und Sven war auf diesem frühen Modus fixiert geblieben.
Deutlich wurde aber auch, wie sehr der Junge seine innere Leere, die schwere Depression nicht nur mit seiner Umtriebigkeit, sondern auch über seine oralen Bedürfnisse und sein Suchtverhalten betäubte. Verstehbar wurde auch, dass die Psychopharmaka der Ersatz für fehlende Beziehungspersonen waren und das repräsentierten, was in der Psychoanalyse mit Übergangsobjekt benannt wird. Diese Funktion übernahm später, zumindest in mancher Hinsicht, der Kaugummi im Mund. Die Droge war also Ersatz-Objekt, wie auch ein Ersatz für den vorliegenden strukturellen Mangel.
Unter dem Übergangsobjekt verstehen wir übrigens jene Tücher, Stofffiguren, die vom Kind während Trennungen, Einschlafen und in allen möglichen Notzeiten gebraucht werden. Sie stehen für die Mutter, sind bereits Element der Außenwelt aber auch noch Teil des Kindes.
Wie sich die Symbolisierungsfähigkeit langsam bildete, wie er zunehmend Trennung anders als nur körpernah symbolisierte, zeigte mir ein kleines Erlebnis mit dem Jungen. Er kam in mein Zimmer, weil er mir etwas schenken wollte. Es war die Hälfte eines Steines. Er hatte einen Kieselstein auseinandergeschla-

gen, so dass er in der Mitte zerbrochen war. Eine Hälfte behielt er, und die andere Hälfte bekam jetzt ich. Der Stein war deutlich getrennt. Trotzdem war er sich sicher, dass ein Teil bei ihm und der andere bei mir blieb. Trennung war also nicht mehr unmittelbar mit dem Verschwinden des Liebesobjektes verknüpft. Er konnte sich in seiner Phantasie vorstellen, dass es den anderen noch gab, auch wenn er aus dem Blickfeld verschwunden war.

Ein Kollege[6] hat mich darauf aufmerksam gemacht, dass der Junge damit genau den Vorgang wiederholte, aus welchem der Begriff „Symbol" hervorgegangen ist. Symbol ist aus dem griechischen Wort „symballein" entstanden, was zusammenfügen, zusammenwerfen bedeutet. Unter griechischen Gastfreunden wurde beim Abschied ein Gefäß oder ein Würfel zerbrochen und jeder bekam ein Stück zum Zwecke des späteren Wiedererkennens.

Da Sven ganz bestimmt keine Kenntnis dieser Geschichte besaß, kann man seine Aktion sicherlich als transkulturelles Symbolhandeln und Ausdruck eines kollektiven Unbewussten im Sinne von C.G. Jung betrachten.

Zu Beginn des Aufenthalts von Sven im Therapiezentrum konnten sich die Eltern bei Besuchen kaum von dem Jungen trennen, drängten auf mehr Besuche und versuchten, ihm weiterhin alle Wünsche zu befriedigen. Doch nach einiger Zeit begannen die Eltern allmählich ihr Interesse an ihm zu verlieren, sich immer weniger um ihn zu kümmern, riefen auch kaum mehr an, so, als ob sie ihn vergessen hätten. Damit wurde deutlich, dass sich hinter dem verwöhnenden Verhalten der Eltern, die ja keinerlei Grenzen setzen konnten und keine Frustrationen zumuten wollten, letztendlich etwas anderes verborgen hatte: Es war eine tiefe, existentielle Ablehnung, die

6 Mitteilung von Dr. phil. Eckard Daser, Facharzt für Psychotherapeutische Medizin (vgl. auch Daser, E.: Interaktion, Symbolbildung und Deutung. Zur triadischen Struktur der Erkenntnis. Forum Psychoanal. 14, 1998, S. 225-240

sich aufgrund von Schuldgefühlen vordergründig ins Gegenteil verwandelt hatte. Darum konnte sich kein strukturiertes Selbst entwickeln, keine ausreichende Selbstwertregulierung und Steuerung der Affekte. Und weil sich kein Selbst entwickeln konnte, war auch keine Trennung möglich gewesen.
Dieser zentrale zugrundeliegende Konflikt, nämlich eine früh erfahrene Ablehnung des Kindes, war völlig unkenntlich gemacht und in – scheinbar sinnlose – motorische Aktionen verwandelt worden. Die Unruhe des Jungen zeigte zwar immer noch, dass etwas nicht in Ordnung war, sie ergab jedoch vordergründig keinerlei Sinn mehr und konnte nicht mehr verstanden werden, wie es uns bei anderen psychischen Symptomen zumeist leichter gelingt.
Ziel der Therapie war – neben der Nachreifung der Ich-Funktionen bei dem Jungen – dass die Eltern ihre wahren Gefühle entdeckten. Denn ihre Verwöhnung des Kindes war letztendlich eine grandiose Lüge gewesen, zur Beschwichtigung der eigenen Schuldgefühle. Sven hatte sich zu einem Kind entwickelt, das niemand wirklich geliebt hatte, natürlich auch nicht seine späteren Beziehungspersonen. Und damit hatte er letztendlich die zugrundeliegende Wahrheit ausgedrückt: Ich werde nicht geliebt. Nachdem sie das langsam und unter psychischem Schmerz begriffen, konnten die Eltern ihr Verhalten reflektieren und verändern. Sie vergaßen den Jungen nicht mehr, aber sie mussten ihn auch nicht mehr verwöhnen.
Sie konnten mit der Zeit das wahre Selbst des Jungen akzeptieren, und dieser musste nicht mehr seine tief zugrundeliegende Depression mit seinem unruhigen Verhalten abwehren. Tatsächlich wurde diese zunehmend erkennbar und der weiteren Behandlung zugänglich, so dass Sven langsam fähig wurde, seine traumatischen Kindheitserfahrungen anzunehmen.
In der Tat hatten sich Unruhe, Aufmerksamkeitsdefizit nach einem Jahr bereits soweit verändert, dass Sven eine öffentliche Schule besuchen konnte. Vor allem aber hatte sich sein Sozialverhalten gewandelt: Er hatte Freunde, mit welchen er den ganzen Tag über spielte, mit denen es den üblichen Streit gab,

der jedoch leicht beigelegt werden konnte. Seine Kopfschmerzen waren so gut wie verschwunden, sie waren inzwischen „normaler“ Unlust gewichen, Gefühlen von Ärger, Zorn, Angst.
Keineswegs liegt allen hyperkinetischen Störungen immer die gleiche Psychodynamik zugrunde. Wie bei allen psychischen Erkrankungen, können die unterschiedlichsten Entwicklungen zu ähnlichen Krankheitsbildern und identischen Symptomen führen.
Es handelte sich im geschilderten Fall Sven um eine sehr tiefe Störung und natürlich gibt es hyperkinetische Störungen auf unterschiedlichem Strukturniveau, von der schwersten bis hin zu leichten neurotischen Unruhezuständen.
Wie der Fall Sven uns gezeigt hat, können unterschiedlich schwere genetische Komponenten, also auch Erbanlagen und körperliche Beeinträchtigungen mitspielen. Bei Sven waren bekanntlich vielerlei Merkmale einer Mangelgeburt vorgelegen mit eventuellen Geburtsschäden. Darum muss eine gründliche organische und psychodynamische Untersuchung erfolgen, wobei nach meiner Erfahrung diese Kinder zumeist bereits nach allen Regeln der ärztlichen Kunst untersucht worden sind, ehe sie einem Psychotherapeuten vorgestellt werden.
Im folgenden möchte ich auf eine Besonderheit der hyperkinetischen Störung eingehen. Warum sind es fast ausschließlich Jungen, die wegen Unruhe, Aggressivität und gestörtem Sozialverhalten auffallen?
Dies ist gewiss kein Zufall: Jungen und Mädchen sind für Gefühlsprobleme unterschiedlich vorbereitet. Jungen werden insgesamt häufiger an psychologischen Beratungsstellen vorgestellt, nicht selten darum, weil sie wegen antisozialem und aggressivem Verhalten Schulprobleme bekommen. Mit beginnendem Jugendalter ist noch eine stärkere geschlechts- und altersspezifische Ausprägung von psychischen Erkrankungen zu beobachten.
Männliche Jugendliche tendieren deutlich mehr zu ausagierenden, sozial störenden Verhaltensformen mit vermehrten Aggressionen, Hyperaktivität und sozial abweichendem Ver-

halten; Mädchen leiden dagegen stärker unter psychosomatischen und neurotischen Verarbeitungsformen von Konflikten mit Neigung zu vermehrter Depression und Ängsten.[7]

Die Geschlechtsunterschiede werden mit beginnender Adoleszenz noch ausgeprägter. Diese Erkenntnis deckt sich mit den Forschungsergebnissen von Schepank[8], der aufgrund seiner Untersuchungen zur Erkenntnis kam, dass – wie er das nennt – „Acting-out"-Verhalten offenbar eher eine männliche Möglichkeit zur Lösung innerer und äußerer Konflikte zu sein scheint, während Frauen eher zu nach innen gerichteten Konfliktlösungen neigen und primär subjektiv leiden.

Mädchen machen also häufiger den eigenen Körper zum Kampfplatz, Jungen den Schulhof – im Falle Sven war bekanntlich beides möglich.

Woher rühren diese Unterschiede?

Das Geschlecht des Kindes, die individuelle Konstitution und seine Reaktionen, lösen ganz bestimmte Phantasien und Handlungsbereitschaften bei beiden Eltern aus.

Wichtig sind aber auch bestimmte, von Geburt an vorhandene, Geschlechtsunterschiede. So reagieren beispielsweise Mädchen empfindlicher auf Geschmack und Berührung. Mütter finden bald heraus, dass sich Mädchen auf orale Weise gut beruhigen lassen, während Jungen stärker auf Gewiegtwerden ansprechen.[9] Aus kleinen Unterschieden werden große, indem sie das geschlechtstypische Handeln der Eltern beeinflussen.

Jungen bewegen sich früher von den Eltern weg, die körperlichen Aktionen werden viel stärker narzisstisch bestätigt, oder in einer anderen Begriffssprache „positiv verstärkt". Sie beantworten innere Unruhe bald mit motorischer Unruhe und

[7] vgl. auch Seiffge-Krenke, J.: Psychoanalytische Therapie Jugendlicher, Stuttgart, Berlin, Köln, Mainz, 1986

[8] Schepank, H.: Psychogene Erkrankungen der Stadtbevölkerung, Berlin, Heidelberg 1987, S. 131

[9] Mertens, W.: Entwicklung der Psychosexualität und der Geschlechtsidentität, Bd. 1, Stuttgart, Berlin, Köln, 1992, S. 63f

Getriebenheit: Das Symptombild der Depression bei Kindern unterscheidet sich darum beispielsweise sehr stark zwischen Jungen und Mädchen. Depressionen kommen bei Jungen nicht etwa seltener vor, die depressiven Affekte werden nur häufiger von einem lärmenden aggressiven Agieren zugedeckt.
Ulrike Schmauch hat Kinder in einer Krabbelgruppe beobachtet und kam zu ähnlichen Ergebnissen: „Die Mädchen wurden im Laufe ihrer Entwicklung 'mädchenhafter', in den offenen Äußerungen ihrer Aggression gehemmt, häufig depressiv ängstlich, und die Jungen 'jungenhafter', nämlich oft aggressiv und grandios agierend."[10]
Da in Kindergärten fast ausschließlich Frauen arbeiten, ist davon auszugehen, dass die Geschlechtsunterschiede in diesen Bereichen immer größer werden. Denn von schicksalshafter Bedeutung für die Entstehung der Geschlechtsunterschiede ist die Tatsache, dass unter den gegenwärtigen gesellschaftlichen Bedingungen die erste Bezugsperson für alle Kinder ausschließlich eine Frau ist, die Väter abwesend oder emotional nicht erlebbar sind.
Gerade diese scheinbar selbstverständliche Notwendigkeit, dass Frauen nicht nur die Kinder gebären, sondern auch ausschließlich versorgen, wird zunehmend kritisch hinterfragt. Denn somit sind schon die frühesten Beziehungserfahrungen für Mädchen andere als für Jungen.
Aufgrund der geschlechtlichen Gleichheit erfahren Mütter ihre Töchter in starkem Maß als sich ähnlich und als Verlängerung ihres eigenen Selbst. Dagegen erleben sie ihre Söhne schon früh als von sich getrennt. Jungen werden darum früher aus der präödipalen Symbiose entlassen als Mädchen, die länger in einem Zustand von Verschmolzenheit mit der Mutter bleiben. Das bestätigen zahlreiche empirische Untersuchungen.[11]
Andererseits wird die präödipale Mutterbeziehung noch proble-

[10] Schmauch, U.: Anatomie und Schicksal, Fischer TB, Frankfurt/M., 1987

[11] vgl. Greenglass, E.: Geschlechterrolle als Schicksal, Stuttgart, 1986

matischer und kompliziert, weil der Junge aufgrund seines Geschlechtes auch von der Mutter begehrt wird, das Mädchen zwar als Kind geliebt wird, jedoch nicht als sexuelles Objekt.
Welche Probleme es bei Jungen gibt, wenn der Vater nicht präsent ist, können wir sehr eindrücklich bei den Söhnen von alleinerziehenden Müttern beobachten. Sie werden oft „herrisch“ und ansprüchlich, zeigen nicht selten ein machohaftes, aggressives und sexualisiertes Verhalten. Weil es ihnen an der Möglichkeit fehlt, sich mit einem realen Mann zu identifizieren, entwickeln sie ein sogenanntes hyperphallisches Verhalten, um sich ausreichend von ihren Müttern abzugrenzen.
Im Kindergarten, in der Grundschule sind wiederum überwiegend Frauen tätig. Auch hier begegnen die Jungen also wieder den Müttern und nicht den Vätern, die sie für ihre Entwicklung so dringend bräuchten.
Psychische Symptome scheinen die Eigenschaften eines Chamäleons aufzuweisen: Sie passen sich den Zeitläufen an und sind Ausdruck und Spiegel der jeweiligen Gesellschaft. Existieren auch gesellschaftliche Konfliktherde, welche die Entstehung von Unruhe, Aggressivität und Beziehungsstörungen fördern? Diese Frage ist nun wirklich lediglich eine rhetorische. Wir leben in einer Zeit, die uns und die Kinder nicht zur Ruhe kommen lässt.
Ist es tatsächlich unsere heutige hektische Zeit, die Kinder nicht zur Ruhe kommen lässt? Ich möchte im folgenden eine bekannte Kinderpsychiaterin zitieren:
„Wohl selten sind die Entwicklungsbedingungen der Kinder so unruhig und ungeordnet gewesen wie in den vergangenen zehn oder gar fünfzehn Jahren. ... Jeder Lehrer klagt über die nicht zu bändigende Wildheit und motorische Unruhe der prozentual stark hervortretenden sogenannten „Störer“. Die Hoffnung, dass man mit einfachen, billigen, leicht zu handhabenden Maßnahmen diese so störend unruhigen Kinder zur Ruhe bringen möchte, wird immer wieder ausgesprochen. Dass diese Hoffnung kaum verwirklicht werden kann, leuchtet von selber ein, wenn man nur einen kurzen Augenblick der Bemühung

darauf verwendet, die Kinderschicksale solcher „Störer" wirklich zu überdenken."[12]

Die von ihr erwähnten unruhigen Kinder mit den schweren Schicksalen entstammen meiner eigenen Generation, den während des 2. Weltkriegs geborenen Kindern. Wie bereits zu Beginn erwähnt, waren unruhige Kinder schon immer ein Problem für die Pädagogen. Aber vielleicht halten heutzutage nicht nur die Kinder weniger aus, sondern auch wir Erwachsene. Ein anderer Gedanke erscheint mir außerdem bemerkenswert: Dührssen hat über Kinder einer Zeit geschrieben, die ihre Väter nicht erlebt hatten, sie waren zuerst im Krieg, lange in Kriegsgefangenschaft oder sogar gefallen.[13]

Doch wieder einmal zurück in die heutige Zeit.

Einige statistische Daten sollen allein die veränderten äußeren gesellschaftlichen Bedingungen illustrieren.

So ist ein deutlicher Trend zum Alleinleben festzustellen:

1961 lebten 12,8% aller Einwohner (bis 45J.) der BRD allein, 1987 waren es bereits 32,5%.

Inzwischen wird etwa jede dritte Ehe geschieden; 1997 waren über 150 000 Kinder von einer Scheidung betroffen.

In über 21% aller Familien mit minderjährigen Kindern fehlen entweder Mutter oder Vater.

Es sind nur darum nicht mehr, weil gleichzeitig der Trend zum Einzelkind weiterhin anhält. Hatte eine Familie 1910 noch durchschnittlich 3 Kinder, waren es 1980 nur noch 1,3 Kinder im Durchschnitt.

Seit Ziehe[14] von einem sogenannten „narzisstischen Sozialisationstyp" gesprochen hat, haben die Diskussionen darüber nicht aufgehört, ob Kinder und Jugendliche sich in ihrer psy-

12 Dührssen, A.: Psychogene Erkrankungen bei Kindern und Jugendlichen, Göttingen, 1972, S 279

13 Persönliche Mitteilung von Regina Kriegel

14 Ziehe, T.: Pubertät und Narzissmus. Sind Jugendliche entpolitisiert? Frankfurt/M., 1975

chischen Struktur wesentlich verändert haben. Im Zentrum dieser Diskussionen stehen die zuvor genannten veränderten Bedingungen, unter denen sich Kinder heute entwickeln müssen, abrupter Wechsel von Reizüberflutung mit Unterstimulierung, Vereinzelung, Abwesenheit des Vaters.[15]

Ziehe ging beispielsweise davon aus, dass – auch wegen des abwesenden Vaters – die Mütter die Kinder nur schlecht aus der Symbiose entlassen können. Es herrscht insgesamt eine Verunsicherung vor, über die Identität von Eltern und über verbindliche Erziehungsziele, was sich erkennbar in Form von massiven Orientierungsschwierigkeiten zeigt. Es besteht insgesamt ein geringerer Zwang zum Triebverzicht, beinahe wäre ich versucht zu sagen, es herrschen überwiegend regressive Tendenzen vor. Der Vater ist, wie bereits erwähnt, auch wenn er real präsent ist, nicht selten psychisch abwesend.

Spielräume wurden zubetoniert, Freiräume mit Überangeboten – vom Keybordspielen bis zum Balletttanz – eingeschränkt. Es herrschen heute soziale Bedingungen vor, welche die Schaffung einer anregungsarmen, einsamen Umgebung für das Kind fördern.

Der autoritäre Erziehungsstil ist größtenteils zwar verschwunden, aber an seine Stelle ist oft nur Desorientierung getreten. Der Einfluss der Medien ist gleichermaßen weiter angestiegen. Doch das Problem ist nicht nur die Fülle von gewalttätigen Darstellungen im Fernsehen und ihr gefährlicher Einfluss, der mittlerweile empirisch nachgewiesen ist. Allein die Zeit, welche Kinder vor dem Fernseher verbringen, es sind mittlerweile mehrere Stunden täglich, kann beunruhigen. Denn diese Zeit wird zweifellos weniger für kreatives Spiel, für sportliche Bewegung und konstruktive partnerschaftliche Auseinandersetzungen zur Verfügung stehen. Dass übermäßiges Fernsehen zur

[15] Ich finde Breuers (1992) Erklärung sehr überzeugend, dass wir es eigentlich nicht mit dem Formwandel eines Typus zu tun haben, sondern „um die Auflösung jener Kombination, die einst den autoritären Charakter hervorbrachte." (vgl. Breuer, S.: Sozialpsychologische Implikationen der Narzissmustheorie, Psyche 46, S. 26

Einschränkung der Phantasiebildung führen kann, ist ebenfalls empirisch nachgewiesen.
Genetische und konstitutionelle Belastungen, individuelle und gesellschaftliche Konflikte führen zur Entstehung von neurotischen Krankheitsbildern, wie beispielsweise dem Hyperkinetischen Syndrom. Die jeweiligen Anteile der möglichen Verursacher können dabei immer unterschiedlich groß sein.
Es fällt uns ganz offensichtlich sehr schwer, die ziellose Getriebenheit von hyperkinetischen Kindern auszuhalten. Margarete Berger[16] meint, weil wir uns als ein nutzloses, unbrauchbares und zugleich genarrtes Objekt fühlen, an welches Botschaften gerichtet und gleichzeitig widerrufen werden: Wir verstehen nicht, was diese Kinder wollen, und wir fühlen uns benutzt und oft missbraucht. Einem emotionalen Angebot widersetzen sie sich geradezu, so dass es ihnen gelingt, das Interesse für ihre innere Welt abzulenken.
Die hyperaktive Bewegungsunruhe eines Kindes ist darum auch Ausdruck einer unbewussten, körperlichen Abwehr, die dazu dient, vor der Wahrnehmung innerer Ängste und Konflikte zu schützen, wie wir im Falle von Sven eindrücklich feststellen konnten.
Wie wir bereits ahnen werden, sind bei der Komplexität dieser Störungen einfache Rezepte nicht zu geben. Darin sehe ich übrigens immer die größte Gefahr in der Pädagogik, in der Psychologie und Psychiatrie: Dass nach einfachen, monokausalen Lösungen gesucht wird, wo Differenziertheit gefragt ist, und dass man immer wieder glaubt, mit einer simplen, vermeintlich einleuchtenden Methode, ein vielschichtiges Problem bewältigen zu können.
Von daher können dem Pädagogen auch keine einfachen Rezepturen gegeben werden. Wer sich intensiv mit Störungsbil-

[16] Berger, M.: „Und die Mutter blickte stumm auf dem ganzen Tisch herum.“ Anmerkungen zur Diskussion über das hyperkinetische Syndrom, Kinderanalyse, 1. Jhrg., 2/1993, S.131ff

dern dieser Art auseinandersetzt, in Seminaren oder Balint-Gruppen, wird bald zur Erkenntnis kommen, dass es wichtig ist, keinen Raum zum Agieren, weder für die Kinder, noch den Institutionen, zur Verfügung zu stellen. Verstehen heißt in jedem Fall nicht, dass kein liebevoller, jedoch fester, und klarer Rahmen notwendig wäre. Das handelnde Inszenieren, die Unruhe und Gertriebenheit der Kinder, können nur so wieder auf einen erkennbaren psychischen Konflikt zurückgeführt werden. Viele Anregungen für einen kreativen Umgang von Eltern und Pädagogen mit hyperkinetischen Kindern stehen übrigens in dem Buch: „Keine Pillen für den Zappelphilipp“.[17]
Ambulante Psychotherapien sind durchaus erfolgversprechend, wenn von einer längeren Behandlungsdauer ausgegangen und eine – für alle Beteiligten – sehr strapaziöse Anfangsphase einkalkuliert wird. Wichtig ist jedoch, eine exakte Diagnose zu erstellen und vorher abzuklären, ob der familiäre und auch der institutionelle Konflikt noch zu bewältigen sind. Denn oft wird, insbesondere von den Schulen, davon ausgegangen, dass sich ganz schnell etwas verändern müsste. Das kann natürlich, trotz intensiver therapeutischer Arbeit, so nicht der Fall sein. Der Druck auf den Therapeuten ist aber nicht selten so groß, dass es nur unter Anstrengung zu schaffen ist.
Diesem vielfältigen Druck standzuhalten, ist für den Therapeuten oft nicht leicht. Die Gefahr ist groß, dass sich der Therapeut mit den strafenden Eltern und dem kollektiven Über-Ich verbündet und seine analytische Neutralität aufgibt. Aus Angst vor Eltern und Institutionen und deren Entwertungen, um zu gefallen, oder weil er die Triebäußerungen seines Patienten nicht erträgt und sie unterdrücken möchte, etc. Dies kann von moralisierenden Vorwürfen, über gutes Zureden und Wünschen, bis hin zu allen möglichen Formen von psychi-

[17] Voss, R. und Wirtz, R.: Keine Pillen für den Zappelphilipp, Mit Kindern leben, Reinbek, 1990

scher Beeinflussung reichen. Der Analytiker wird damit den gleichen autoritären Anspruch wiederholen und Anpassung fordern, wie alle andern Beziehungspersonen und möglicherweise damit scheitern wie alle vorher. Ein solches Drängeln geht stillschweigend davon aus, als könnte der Patient sein störendes Verhalten problemlos ändern, wenn er es nur wollte. Dies entspricht weit verbreiteten naiven laienpsychologischen Auffassungen – und ist auch nicht selten Grundlage des Handelns von Fachleuten.

Selbst wenn der Kinderpsychotherapeut mit einem liebevollen Drängeln vordergründig Anpassung erreichen würde, brächte das keine Aufarbeitung der Konflikte und vor allem gelänge nicht der Aufbau von Ich- und Über-Ich-Funktionen, die dem Patienten langfristig Triebaufschub ermöglichen. Der Therapeut würde, ganz im Gegenteil, die Projektion des Über-Ichs auf ihn und die unbewussten Selbstbestrafungstendenzen seines Patienten mitagieren. Er würde damit dessen Neigung zum Agieren seines Konfliktes weiterhin aufrechterhalten.[18]

Ich halte es darum für besonders wichtig, gerade bei aggressiv ausagierenden Störungen, schon bei Behandlungsbeginn mit den Eltern über realistische Therapieergebnisse und die wahrscheinlich langfristigen Veränderungen im sozialen Bereich zu sprechen. Denn schwer ist es ja auch, vorhandene Vorstellungen und Vorurteile zu verändern, die oft über Jahre so bestanden haben, dass ein Kind so ist und nicht zu verändern sei. Bei schwerwiegenden Störungen, wie bei dem zuvor berichteten Sven, ist stationäre Psychotherapie indiziert, um an die verborgenen abgewehrten intra- und interpsychischen Konflikte heranzukommen und sie zu bewältigen.

[18] vgl. Hopf, H.: Aggression - in der analytischen Therapie mit Kindern und Jugendlichen. Theoretische Annahmen und behandlungstechnische Konsequenzen, Göttingen, 1998

Barbara Friedrich

# Kindheitsgeschichten

Ich begann meine Überlegungen zu diesem Aufsatz (selbstverständlich) mit Gedanken über und an die Kindheiten, die ich kenne. Und dabei natürlich mit der Nächstliegenden, nämlich meiner eigenen. Oder besser: ich begann mit dem, was mir derzeit auf dem Wege der Erinnerungswandlungen als inneres Skript mit unterschiedlichen Schwerpunkten verfügbar ist. Also etwa eine Kindheit im Kohlenpott, eine Nochkriegskindheit, eine Kindheit am Ende der ersten Hälfte des letzten Jahrhunderts, zwischen Trümmerhalden und Wiederaufbau, zwischen Magermilch und Nierentischchen, eine Einzelkind-Kindheit, eine Kindheit mit Hunden...
Aber was hat schon meine Kindheit mit heutigen Kindheiten zu tun?
Als relativ „aufgeklärtes Kind" der heutigen Zeit habe ich schließlich ein wenig im Internet gesurft. Es gibt eigene „Kinder"-Adressen,[1] und wenn ich mich bemühte, könnte ich sicher noch einige mehr herausfinden. „Das Kind" ist offenbar Zentrum öffentlicher Aufmerksamkeit – und, zumindest im Internet, als Konsument bzw. als ein die Eltern zum Konsum animierendes Agens. Sind heutige Kinder glücklicher dran als frühere, weil sie lustig und bunt umworben werden, Webseiten-Füllmaterial bieten und damit weltweit präsent sind? Oder war Kindheit in irgendeiner sogenannten „guten alten Zeit" glückseliger, etwa „als Vaters Bart noch rot war"?[2] Oder eine „Kindheit zwischen Olympia und Luftschutzkeller"?[3]
Vielleicht später, als die Welt zwar wieder leidlich heil war, als jedoch die Kinderlähmung immer noch zeitweise umging, Diphtherie weiterhin tödlich enden konnte und Kinderkrankheiten nach wie vor nicht weitgehend von Schutzimpfungen ferngehalten wurden ...?

[1] z.B.: www:kinderwelt.de, www:kind.de, www:kinder.de, www:kindsein.de

[2] Schnurre, W.: Als Vaters Bart noch rot war. Roman in Geschichten, Berlin, 1996

[3] Knobloch, H.: Eine Berliner Kindheit. Zwischen Olympiade und Luftschutzkeller, Berlin, 1999

Die geschichtlichen und sozialen Bedingungen des Kindseins in früheren Zeiten bieten reichlich Themen für Generationen von Historikern,[4] Soziologen, Pädagogen und Erziehungswissenschaftler.[5]
Die philosophischen Durchdringungen des Begriffs „Kindheit" liefern Stoff für Magisterarbeiten und Dissertationen, und die literarischen Gestaltungen des Themas Kindheit sind sicher ähnlich zahlreich wie die literaturwissenschaftlichen Arbeiten über diese Ausformungen.
Aber wissen wir deshalb, wie es sich angefühlt hat, ein Kind zu sein etwa im Jahre 1650 oder 1850? Wie fühlte es sich an, Willi oder Dora zu sein? Wilhelmine oder Fritz? Haben wir denn überhaupt eine eindeutige Erinnerung daran, wie sich unsere eigene Kindheit damals in den, sagen wir fünfziger Jahren für uns angefühlt hat?
In meine Praxis kommen Kinder (und ihre Eltern), die mir in ihren Therapien zeigen, wie ihr Kindsein sich für sie anfühlt, wie es sich anfühlt, hier und heute Max oder Felicitas zu sein. Die Kinder erzählen mir natürlich keine fertig ausgestalteten Biographien. Sie lassen mich durch ihr Spiel, ihr Malen, plastisches Gestalten, Phantasieren, auch manchmal durch ihr Schweigen oder Weinen oder Wüten Anteil haben an ihrem Erleben. Sie zeigen mir Ausschnitte dessen, was an Gefühlen und Konflikten, Hoffnungen und Skrupeln in ihnen tobt oder versteckt schläft. Ich erfahre vieles (niemals alles!) von dem, was sie allzu sehr bedrückt und ängstigt und was deswegen „verdrängt" werden musste. Nun wird es tief verborgen im Nicht-mehr-Bewussten unter Verschluss gehalten.
Gemeinsam heben wir, das Kind und ich, die Deckel der inneren (Schatz)Truhen und befreien die eingekerkerten Seelengespenster. Die Therapie gleicht zuweilen einem Spiegelsplitter,

4 u.a. Ariès, Ph.: Geschichte der Kindheit, München, 1975

5 Nyssen, F.; Janus, L. (Hrsg.): Psychogenetische Geschichte der Kindheit, Gießen, 1997

in dem sich einzelne Facetten des jeweiligen Kinderlebens und seiner Gespenster spiegeln. Wir betrachten sie gemeinsam, versuchen, sie zu erkennen und verhelfen ihnen zu sprachlichem Ausdruck. Im gemeinsamen „Erzählen“ der jeweiligen Lebensgeschichte finden wir oft genug Sinn hinter vermeintlich unsinnigem Tun.

Aus einigen dieser Kindheiten, die mir begegnet sind, werde ich berichten.

Dabei musste ich sicherstellen dass die Anonymität der Kinder gewahrt bleibt. Es war nötig, Material zu verfremden: Namen und Orte habe ich geändert, Berufe durch andere ersetzt, die dem spezifischen Charakter des jeweiligen Details aus der Realität möglichst nahe kommen, damit die Geschichten stimmig blieben. Wenn Sie den Eindruck haben, dass Sie ein Kind oder eine Familie wiedererkennen, seien Sie sicher: Sie haben sich geirrt. In einem solchen Wiedererkennen zeigt sich lediglich, dass Sie auf ähnliche Züge, auf Gemeinsamkeiten von Kindheiten gestoßen sind – und daran könnte ich erkennen, dass ich plausibel, also „gut“ erzählt habe.

## 1. Max hat Angst vor so viel Leben

Familie Spengler wurde von einer Beratungsstelle zu mir geschickt. Bedrückt berichtet Frau Spengler, dass der achtjährige Max immer häufiger Probleme habe in der Schule. Er sei oft in Prügeleien verwickelt, dann wieder hänge er teilnahmslos auf seinem Stuhl und kriege nichts mit. Daheim sitze er stundenlang über den Hausaufgaben, und wenn die Eltern ihm Hilfe anbieten, schreie er herum, er verstehe das alles nicht, er wolle nichts mehr wissen, wolle nichts mehr lernen. In letzter Zeit weigere er sich öfter zu essen, er habe einfach keinen Appetit, kriege Bauchweh vom Essen, könne keinen Bissen runterbringen, „dann muss ich kotzen!“

Max ist ein schmaler jedoch kein schwächlicher Zweitklässler. Bei Raufereien dürfte er sich durch Geschicklichkeit und eine

gewisse Zähigkeit auszeichnen. Er hat ein irritierend kluges Gesicht, ist dabei jedoch nicht altklug. Er ist auf jungenhafte Weise hübsch mit seinen hellbraunen kurzen Haaren, die von seinem Kopf abstehen. Seine braunen Augen betrachten mich wach, jedoch nicht wachsam-misstrauisch. Ein Schatten von Traurigkeit liegt über ihm, ein resignierter Zug um den Mund, Mutlosigkeit dämpft seine Stimme.
Später, als ich schon mehr mit ihm vertraut bin, lerne ich sein plötzliches „Ausknipsen" aller Aufmerksamkeit kennen, ein abruptes Nicht-mehr-Anteil-Nehmen, ein Rückzug nach innen, der mich wie ein Totstell-Reflex anmutet. Dieses „Ausknipsen" der inneren Beteiligung und des Interesses war der Klassenlehrerin aufgefallen, und zwar nachdem die Schulleistungen plötzlich nachgelassen hatten, ohne dass ein Grund erkennbar war.
Max hatte sich immer mehr in sich verkrochen. Auf Versuche, ihn an irgendeinem Geschehen zu beteiligen, ihn aus seinem Schneckenhaus herauszulocken, reagierte er empfindlich: entweder zog er sich stumm noch weiter zurück, oder er brauste heftig auf, schrie herum und verschreckte durch solch unerklärlich aggressives Gebaren.
Die Eltern waren ratlos. Max war ihr erstes Kind und als Junge hochwilkommen gewesen. Britt, die zweieinhalb Jahre nach ihm zur Welt kam, war die freundlich begrüßte „Ergänzung" gewesen. Max hatte leicht eifersüchtig reagiert, jedoch hatte es keine gravierenden Probleme gegeben, und nach einiger Zeit hatten die Geschwister sehr nett miteinander zu spielen begonnen. Max war ganz in der Rolle des „großen Bruders" aufgegangen, hatte sich gesonnt im Bewusstsein seiner beschützenden Stärke.
Herr Spengler war entzückt gewesen von seinem Großen. Er selbst war als Einzelkind aufgewachsen und hatte sich immer Geschwister erträumt. Als ich ihn nach weiteren Lebens-Träumen frage, schweigt er lange. Eine „richtige Familie" hatte er sich immer gewünscht. Ich frage ihn, was er damit meint. „Nun ja..." Er zögert, sucht nach Worten. Er wollte immer ein

„richtiger“ Vater sein, und seine Frau sollte die „richtige“ Mutter seiner Kinder sein.
Es ist eine mühsam erzählte Geschichte: Herr Spengler wurde bald nach seiner Geburt adoptiert. Aber erst mit 18 Jahren hat er „zufällig“ von seiner Adoption erfahren. Nein, wirklich zufällig sei es nicht gewesen. Er habe immer das Gefühl gehabt, dass da etwas fremd war zwischen ihm und seinen Eltern, irgendein Geheimnis. Als er es endlich herausgebracht hatte, war er schockiert und erleichtert zugleich.
Sein Vater hatte ein kleines Hotel außerhalb einer größeren Stadt betrieben. Herr Spengler war nie gefragt worden, ob er es einmal weiterführen wollte. Irgendwann hatte sein Vater es einfach verkauft, und Herr Spengler hatte das quälende Gefühl, als sei er nie wirklich verwurzelt gewesen bei seinen Adoptiveltern, als sei er nie ernsthaft als „Stammhalter“ oder Nachfolger in Frage gekommen. Er fühlte sich unwürdig ohne einen Grund dafür benennen zu können, ausgestoßen und, wieder einmal, fremd. Spätestens zu der Zeit hatte er den Entschluss gefasst, er wollte seinem Sohn vermitteln, dass und wo er verwurzelt sei.
Herr Spengler hatte einen kaufmännischen Beruf erlernt. Erst hatte er als Angestellter gearbeitet und sich dann nach wenigen Jahren selbständig gemacht. Jetzt führte er seinen mittelgroßen Betrieb, auf den er zu Recht sehr stolz war.
Er wollte seinem Sohn den Weg ebnen, so dass Max an dem weiterbauen konnte, was er begonnen hatte. Herr Spengler wollte Max alles Vertrauen entgegenbringen, dessen er nur fähig war, und er träumte davon, dass Max eines Tages sein Werk weiterführen würde.
Als Herr Spengler von diesen Träumen erzählte, hatte ich die Vorstellung von einem König, der großmächtig auf seinem Schlossturm steht, auf sein riesiges Reich blickt und seinem kleinen Prinzchen erklärt, dass er dies alles einmal regieren werde. Er müsse nur noch ein wenig lernen, und dann – dann werde er der König sein! „Prinz“ Max hat es gut! Er ist willkommen auf dieser Welt. Er sitzt „im gemachten Nest“, wie man

das so schön ausdrückt; ein „Königreich“ liegt ihm zu Füßen – er braucht nur noch ein wenig zu lernen, und dann wird er all dies sein Eigen nennen, was der „König“ aufgebaut und erarbeitet hat.
Toll! Ein Junge, den man beneiden kann um seinen sicheren Platz auf der Welt. Ein Junge, der sich wohl kaum je mit solchen Fragen wird herumschlagen müssen wie: Was für einen Beruf soll ich wählen? Kriege ich wohl einen Ausbildungsplatz? Finde ich eine Stelle? Kann mich diese Welt überhaupt irgendwo brauchen?
Max macht allerdings keinen begeisterten oder auch nur annähernd optimistischen Eindruck. Er seufzt, als ich ihn nach seiner kleinen Lebenswelt frage. „Och...“
Er zieht sich in die Kuschelecke zurück, sucht sich einen wuscheligen Plüschhund und spielt mit ihm, macht ihm „Futter“, führt ihn „Gassi“, bereitet sein „Körbchen“ – kurz: er verwöhnt den kleinen Hund.
Und weil nun bei mir in der Praxis auch ein leibhaftiger großer Wuschelhund liegt, sind wir nach einiger Zeit im Gespräch über Hunde: meinen großen und seinen kleinen.
Bei meinem Hund interessiert er sich vor allem dafür, wie der wohl zu mir gekommen ist. Er überlegt, wie alt das Hundebaby damals war, ob es seine Hunde-Mama und seine Hunde-Geschwister vermisst hat, ob ich das Hundebaby ausgesucht habe und warum ich die anderen nicht haben wollte...
Ich denke an Adoptionsfragen, denn schließlich ist Adoption eines der wichtigsten Themen seines Papas. Max kennt die Geschichte. Kann er sicher sein, dass er wirklich aus dem Bauch dieser Mama gekommen ist? Das scheint jedoch im Augenblick kein dringliches Thema zu sein. Die Hundefragen kommen mir eher vor wie eine tastende Annäherung an die Familiengeschichte, bevor er bereit sein wird, sein Thema zu entfalten. Max beginnt nun, mir den Lebensbericht seines kleinen Wuschelhundes zu erzählen: die Wuschelgeschichte. Das ist nun eine Geschichte, die er über etliche Stunden ausspinnt, abändert und umformt:

Es war einmal ein Mann, der wohnte in einem großen Haus mit einem großen Garten. Der Mann meinte, wenn er einen so großen Garten hat, dann muss er auch einen Wachhund haben. So kaufte er sich ein Hundebaby, weil man ein Hundebaby noch richtig erziehen kann, so wie man es braucht. Der Mann wollte keinen Hütehund daraus machen, auch keinen Jagdhund, sondern eben einen Wachhund. Einen Wachhund, der groß und gefährlich aussieht! Der Hund sollte Einbrecher abschrecken, damit der Mann sich in seinem Haus sicher fühlen konnte. Das Hundebaby aber war noch ganz winzig und ängstlich! Der Mann schaute sich sein Hundebaby jeden Tag an, ob es gewachsen war. Nein – das Wuschelbaby war noch klein. Der Mann kaufte Kraftfutter – aber der Hund nippte nur ein bisschen daran. Der Mann kaufte schon mal einen Maulkorb – aber der war so groß, dass das ganze Hundebaby hineinpasste. Da war der Mann enttäuscht. Das Hundebaby knurrte und bellte auch gar nicht gefährlich, sondern quiekelte nur leise vor sich hin. Lauter wurde sein Stimmchen nur, wenn es sich allein fühlte und sein Herrchen in der Nähe haben wollte.

Der Mann war sehr enttäuscht von seinem Hund. Und der Hund war unglücklich, weil er all das nicht konnte, was der Mann von ihm erwartete. Schließlich setzte der Mann den Hund aus...

Eigentlich hatte jeder gehabt, was er wollte: Der Mann hatte einen Hund, und der Hund hatte ein Herrchen. Trotzdem sind beide am Ende unglücklich geworden.

Es ist nicht schwer zu verstehen, dass die Geschichte des Hundes eigentlich eine Geschichte ist davon, wie es sich anfühlt, Max zu sein.

Max' Vater finden wir wieder in dem Mann, der sich den kleinen Hund zulegt, der Pläne und Vorstellungen hat, was aus dem Hündchen Tolles werden soll, wie groß und wachsam und abschreckend es einmal sein soll... Und Max sieht sich im Bild des Hündchens. Das Hündchen schaut auf zu seinem Herrchen, möchte es ihm recht machen, so wie Max es seinem

Vater auch recht machen will. Max bewundert seinen Vater, weil der so groß ist und so tüchtig, weil er so vieles im sportlichen Bereich schon kann, was Max meint, nie schaffen zu können, weil der Papa so viele rätselhafte und schwere Dinge regeln, anordnen und bearbeiten kann, weil er Erfolg hat und weil er ein Füllhorn von Lebensmöglichkeiten für Max bereithält – dem Max sich gar nicht gewachsen fühlt.

Max geht es wie dem kleinen Wuschelhund der Geschichte: Erst hat alles glücklich ausgesehen, ein Haus, ein Garten, ein Hundeparadies für Wuschel; eine richtige Familie, ein Wunschkind, ein Garant für die Zukunft für den Vater; die besten Voraussetzungen und alle Chancen für Max... Aber Max hat Angst vor so viel Leben, das von ihm erwartet wird. Er kann sich nicht vorstellen, dass er den Träumen seines Vaters genügen könnte, er bezweifelt seine Fähigkeiten zum Geschäftsmann.

So wie der kleine Hund Wuschel sich davor ängstigt, einmal ein großmächtiger wachsamer Hund sein zu müssen, ängstigt sich Max davor, erwachsen werden zu sollen und „in Vaters Fußstapfen“ zu treten, die ihm jetzt noch sehr viel zu groß sind.

Und was am Schlimmsten ist: Max befürchtet, ausgestoßen zu werden aus der Familie, wenn er nicht ordentlich „wächst“, das heißt, wenn er nicht das Zeug hat für einen würdigen Nachfolger.

Wie sollte Max genießen, was der Vater ihm bietet, wenn er zugleich befürchtet, dessen nicht würdig zu sein und alles zu verlieren, auch das Zuhause, das er liebt und das der Grund ist, auf dem er wurzelt? Die Wuschel-Max-Geschichte wird erst im Lauf der Therapie „fertiggeschrieben“ und zu einem befriedigenden Ende gebracht.

Ich finde später heraus, dass seine Wuschelgeschichte ein Bilderbuch zum Vorbild hat, das er jedoch nach seinen Bedürfnissen abgewandelt hat. Es ist das Buch „Der Hund, der groß und gefährlich werden sollte“ von Irma Lauridson und Jens Ahlbom, 1996 im Carlsen Verlag erschienen.

In der Bilderbuchgeschichte wird der Hund ausgesetzt, danach fühlt sich der Mann einsam, und als der kleine Hund zu ihm zurückfindet, hat sich der Mann gewandelt: er akzeptiert den Hund in seiner Kleinheit und beginnt, ihn zärtlich zu lieben.

## 2. Felicitas

Felicitas ist ein zehnjähriger Lockenkopf. Felicitas ist eine zehnjährige Teufelin. Sie lügt, stiehlt, prügelt sich und schreit hemmungslos ihre Wut hinaus, wenn sie sich ungerecht behandelt fühlt von ihrer Lehrerin – und sie fühlt sich ständig ungerecht behandelt.
Dabei hatte alles so gut angefangen! Felicitas ist Herrn und Frau Schweglers einziges Kind. Sie kündigte sich an, als die Eltern eigentlich die Hoffnung auf Nachwuchs schon aufgegeben hatten. Der Vater hatte eine gute Stellung als Ingenieur, die Mutter war Speditionskauffrau, hatte aber ihren Beruf aufgegeben, als Felicitas geboren war. Sie wollte „das Nest polstern". Als Felicitas in den Kindergarten kam, geriet der „Ast" mit dem „Nest" ins Wanken. Herr Schwegler hatte in seiner Firma eine junge Frau kennengelernt und eine Affäre begonnen. Als Frau Schwegler dahinterkam, drohte sie mit Scheidung. Die Affäre wurde beendet, der „Ast" stabilisierte sich. Zumindest sah alles wieder harmonisch aus.
Nach zwei Jahren begann Herr Schwegler erneut eine Affäre. Als er von einer Reise heimkam, die keine Firmenreise gewesen war, wie er zunächst behauptet hatte, hatte Frau Schwegler bereits das Türschloss ausgetauscht und seine Sachen gepackt. Als er läutete, stellte sie ihm seine Koffer in den Flur und bedeutete ihm, dass „die Dame" ihm ja Obdach gewähren könne; sie jedenfalls verhandle nur noch über ihren Anwalt mit ihm. Felicitas war Zeugin dieses kurzen aber endgültigen Rausschmisses. Sie fand, die Mutter habe Recht, der Vater gehöre nicht mehr zur Familie, Schluss und aus.
In der Folgezeit bemühte Felicitas sich sehr, die Mutter nicht zu

belasten. Denn dass die Geschichte nicht so einfach war, wie die Mutter vorgab, war überdeutlich. Doch Felicitas begann auch, auf den Vater zu warten. Vielleicht war der Papa gar nicht so böse? Sie hoffte, dass er anriefe. Oder schrieb. Oder dass er sie mal ins Kino einlud. Aber nichts geschah. Felicitas lag abends lange wach im Bett und lauschte, ob das Telefon läutete. Einmal läutete es spät, und als die Mutter abgehoben und sich gemeldet hatte, ging gleich danach die Wohnzimmertür, und Felicitas konnte nichts mehr hören. Schließlich stand sie auf und schlich sich ins Wohnzimmer. Sie hörte aus dem, was geredet wurde, dass der Vater am Telefon war.
„Ich will mit Papa sprechen", sagte sie.
„Nein", sagte die Mutter. Felicitas schrie, dass das ihr Papa sei und dass sie mit ihm reden wolle, und zwar sofort. Die Mutter lenkte ein. Der Papa versprach ihr, sie am Wochenende abzuholen. Aber das Wochenende verging, und der Vater holte sie nicht ab. Sie saß lange Zeit auf der Fensterbank und starrte auf die Straße.
Der Vater kam nicht.
Sie bat die Mutter um seine Telefonnummer und rief ihn an. Wieder versprach er, sie am Wochenende abzuholen. Und wieder kam er nicht. Felicitas wurde unleidlich. Sie gab patzige Antworten und schlug um sich, wenn jemand ihr zu nahe kam. Fragte die Lehrerin, was mit ihr sei, schrie sie „nichts!" und lief weg.
Endlich, nach mehr als einem halben Jahr, holte der Vater Felicitas für ein Wochenende zu sich. Als sie zurückkam, schloss sie sich in ihr Zimmer ein und weinte. Sie sagte nichts über das Wochenende, kein Wort über das, was sie erlebt hatte.
Später erfahre ich, dass der Vater inzwischen zu seiner Freundin gezogen war, die kurz zuvor ein Baby von ihm bekommen hatte. Die Ehe der Eltern war zu der Zeit noch nicht geschieden, und Felicitas klammerte sich mit inbrünstiger Hoffnung an ein Fortbestehen dieser Ehe.
Felicitas wartete weiter auf einen Anruf oder einen Brief – nichts. Zu ihrem Geburtstag kam kein Gruß. In der Schule

nahm sie jetzt anderen Kindern Dinge weg, Bleistifte, Radiergummis, alles Mögliche. Sie nahm Dinge an sich, gleichgültig, ob sie sie brauchen konnte oder nicht. Auf dem Heimweg warf sie sie manchmal irgendwohin, ins Gebüsch oder in Papierkörbe. Sie flippte vollständig aus, wenn jemand sie bloß ernsthaft ansprach. Außerdem bekam sie Angst vor dem Alleinsein: sie geriet in Panik, wenn die Mutter nur für ein paar Minuten in die Waschküche ging.

Einige Zeit später lerne ich Felicitas kennen. Sie will nicht mit mir sprechen. Sie will mich auch eigentlich gar nicht sehen. Sie schweigt und seufzt. Schließlich baut sie eine Szene auf:[6]

In einem Zimmer sitzt eine Frau mit einem Baby auf dem Sofa. Neben ihnen sitzt ein Mann, er hat einen Arm um die Frau gelegt, den anderen hält er in die Luft. Ein Hund liegt zu ihren Füßen. Ich sage, dass das aussieht, als könne der Mann auch noch jemand mit seinem anderen Arm umfassen...

„Mhmm“, macht Felicitas und setzt ein Mädchen neben den Mann.

Ich sage, dass ich das Gefühl habe, dies sei eine Geschichte, wie es sein sollte, vielleicht gebe es auch eine Geschichte, wie es ist? Felicitas zögert. Dann baut sie ein Zimmer an.

Die Frau mit dem Baby und der Mann bleiben auf dem Sofa sitzen, der Hund ist bei ihnen. Ein Gitterbettchen wird noch ins Zimmer gestellt. Im zweiten Zimmer ist nichts, kein Möbel. Sie nimmt das Mädchen vom Sofa. Der Mann umarmt jetzt die Frau und das Baby mit beiden Armen. Das Mädchen liegt im leeren Zimmer auf dem Boden.

Auch das ist eine Kindheitsgeschichte, die ich allerdings erst im Laufe etlicher gemeinsamer Stunden verstehen lerne. Sie han-

[6] Felicitas nimmt dazu den 'Scenotest'. Das ist ein Kasten mit Dingen wie Püppchen für diverse Rollen, Hund, Krokodil u.v.a.m., dazu Bausteine, Bäume und allerlei anderes Material, mit dem Kinder nach freien Einfällen ihre häusliche Welt, die Familie oder „die Welt“ schlechthin gestalten können. Die gestalteten Szenen geben einerseits wichtige Hinweise für die Psychodiagnostik und sind andererseits durch die vielfältigen Ausdrucksmöglichkeiten hervorragend geeignet, um dem Therapeuten ohne viele Worte etwas von der eigenen Befindlichkeit mitzuteilen.

delt von den dramatischen Veränderungen einer auseinandergebrochenen und einer neu entstandenen Familie – und von einem Mädchen, das dazugehören möchte, das einbezogen sein möchte in das Band aus Zuneigung und Zärtlichkeit. Und sie handelt von der Einsamkeit des Mädchens, das sich nicht mehr als zugehörig erlebt, sondern überzählig und ausgestoßen.
Felicitas hat erlebt, dass der Boden, der sie ihr kleines Leben lang getragen hatte, endgültig unter ihr weggebrochen ist. Ihre ohnmächtige Wut kann sie nicht gegen die Eltern richten aus Angst, sonst völlig verlassen zu werden. Sie muss die Eltern schützen vor ihrer Wut und diese stattdessen gegen alle anderen Menschen in ihrer Umgebung wenden, selbst wenn sie sie nur geringfügig kränken.
Sie stiehlt, weil sie sich auf illegale Weise etwas beschaffen muss, das ihr nicht gehört. Wir können es uns als ein symbolisches Stehlen vorstellen: Die Liebe des Vaters glaubt sie verloren zu haben, denn der Vater lässt sie hängen, hat sich eine neue Familie zugelegt, ein neues Kind gemacht – offenbar war sie, Felicitas, „nicht gut genug“ und musste deswegen ersetzt werden. Sie kann sich die Liebe des Vaters nicht „zurückstehlen“; stehlen jedoch, kleine Dinge fortnehmen, die anderen gehören, das kann sie. Bleistifte, lustige Radiergummis, bunte Füller – auch das sind Dinge, an die andere ihr Herz gehängt haben. Weil sie Papas Liebe nicht stehlen kann, stiehlt sie Kugelschreiber und Kaugummis, Bleistiftanspitzer und Filzstifte. Weil all dieses Klauen, gegen das sie machtlos ist, ihre Selbstachtung untergräbt, fühlt sie sich schuldig und, schlimmer noch, wirklich der Liebe unwürdig.
Und weil der Hunger in ihr, der ja ein Liebeshunger, ein Papahunger ist, nicht wirklich besänftigt oder gar gestillt wird, muss sie weiter klauen.
Felicitas erzählt ihre Geschichte in zwei Bildern, die wir gemeinsam in Sprache übersetzen. Mit dieser erzählten Geschichte, die wir schließlich auch aufschreiben und mit Bildern versehen, können wir weiterarbeiten. Wir sprechen über die Figuren

im Bild, denn die rücken Felicitas nicht so verletzend nahe, dass sie sich wehren müsste dagegen. Am Ende schieben sich die Bild-Figuren und ihre Bedeutungen über Felicitas' Selbstbild. Sie werden mitsamt der Erzählung zu einem Teil ihrer Identität.

### 3. Miriam: Alle haben Hunger!

Als ich Miriam kennenlerne, ist sie 14 Jahre alt. Sie war von der Schule weggelaufen, hatte einen Zettel hinterlassen, auf dem stand, dass sie nicht mehr leben wollte, und war stundenlang im Wald umhergelaufen, bis jemand sie gefunden hatte. Zunächst kommt Frau Wilke zu mir, ihre Mutter. Sie ist eine kleine, schmächtige Frau, grau und alterslos, mit leiser Stimme. Ihre Depression liegt nahezu greifbar im Raum, lastet auf jedem Wort, drückt auf ihre Schultern und zieht auch mich tief in meinen Sessel.

Frau Wilke weiß nicht, warum Miriam nicht mehr leben mag. Sie gibt sich doch alle Mühe, um es dem Mädchen schön zu machen, auch wenn sie in sehr bescheidenen Verhältnissen leben! Miriam wisse gar nicht zu schätzen, was die Mutter für sie tut! Es sei undankbar, sich einfach aus dem Leben davonzumachen, es kränkt die Mutter.

Das hört sich sonderbar an – man würde erwarten, dass der angedrohte Suizid eines Kindes der Mutter den Boden unter den Füßen wegzieht, dass sie verzweifelt ist. Nein, Frau Wilke ist wirklich zutiefst gekränkt und verletzt, weil Miriam ihr mit ihrem Todeswunsch zu sagen scheint: „Was du mir zu bieten hast, reicht nicht für mich. Du bist unzureichend!" Mit dem dadurch hervorgerufenen Insuffizienzgefühl kann Frau Wilke nur schwer umgehen.

Frau Wilke war ungeplant schwanger geworden, kurz nachdem sie sich entschieden hatte, mit ihrem Freund in die USA zu gehen, als er Deutschland verließ. Der Freund war dann vorausgereist, um jenseits des Ozeans die gemeinsame Zukunft

vorzubereiten, zumindest hatte sie das geglaubt. Dann hatte der Freund sich einige Monate nicht mehr gemeldet. Sie bekam schließlich nur noch einen Brief, in dem er ihr mitteilte, dass er die Beziehung als beendet ansah.
Voller Verzweiflung wollte sich Frau Wilke aus dem Fenster eines Türmchens stürzen. Mit ihrem dicken Bauch hatte sie aber nicht mehr durch das Fenster gepasst.
„Da hat Miriam mir wohl aus Versehen das Leben gerettet“, sagt sie bitter.
In den 14 Jahren, die Miriam auf der Welt ist, ging es schon oft um Leben oder Sterben. Frau Wilke war häufig schwer krank und musste für viele Wochen ins Krankenhaus. Miriam kam dann über das Jugendamt zu einer Pflegefamilie. Die Mutter hatte vor zwei Jahren endlich eine neue Niere bekommen, aber wirklich besser habe sie sich nie gefühlt. Jetzt bestehe akut die Gefahr, dass ihr Körper die Niere abstößt.
„Ich sollte wohl lieber aufhören zu leben, wenn ich es nicht richtig kann“, sagt sie resigniert.
Dann kommt Miriam zu mir. Sie drückt sich in einen Stuhl, hängt darauf wie ein liegengelassenes Kleidungsstück. Sie ist ein bildhübsches Mädchen, ihre Haut ist nougatfarben und ihre Haare sind schwarz und kraus – trotzdem wirkt sie grau und nahezu substanzlos.
Nach ein paar unverbindlichen Worten zur Begrüßung, über die Schule, ihre Interessen, breitet sich schweres Schweigen aus. Ich fühle mich hilflos. Schließlich frage ich sie, was sie einmal werden möchte. Im selben Augenblick kommt mir meine Frage unangemessen und blöd vor, tantenhaft einfallslos. Vielleicht, denke ich, kann ich diese Atmosphäre von Tod und Krankheit, Nichtlebenkönnen und Sterbenwollen nicht mehr aushalten und suche nach einem Zipfel Zukunft, an dem sich die Gegenwart festmachen könnte?
„Innenarchitektin“, sagt Miriam, und ich bin verblüfft, wie schnell diese Antwort kommt.
Ich bringe ein „Hmmm“ heraus, von dem ich selbst noch gar nicht weiß, was es meinen könnte: eine Frage danach, wie sie

sich diesen Beruf vorstellt? Was sie glaubt, womit sie sich da beschäfigen wird? Verblüffung?
Ich habe nur kurz zum Puppenhaus hingesehen, das auf einem kleinen Tisch steht, auf dem Boden eine Kiste voller Möbel und Wohnzubehör. Miriam ist meinem Blick gefolgt.
„Kann ich ...?" fragt sie, und als ich nicke, steht sie auf, hockt sich neben das leere Haus und wühlt in der Kiste. Dann beginnt sie, das Haus einzurichten, Zimmer für Zimmer, und in den nächsten Wochen wird sie immer weiter daran arbeiten:
Im Erdgeschoss sind Wohnzimmer, Küche und Esszimmer, im 1. Stock Elternschlafzimmer, Kinderzimmer und Bad, unterm Dach ein kuscheliger Raum zum Malen, Lesen, Fernsehen, Träumen – ein Refugium für alle, die gestresst und alltagsmüde sind.
Ihre Geschichte entsteht im Gespräch über die Einrichtung des Hauses.[7] Ich erfahre etwas über die Lebensgewohnheiten der Puppen, die hier leben, über ihre Ansichten und Einstellungen, über ihre Erlebnisse und die Erlebnisse der Nachbarn; Puppenphantasiertes wird zum immer weniger verschlüsselten Abbild der Miriam-Realität. Das Puppenmädchen, Miriams Spiel-Ich, erhält schließlich einen Namen: Mary.
Mary kennt nicht einmal den Namen ihres Vaters. Sie weiß nur eines gewiss: dass er ein indischer Prinz war und dass er ziemlich dunkelhäutig gewesen sein muss, denn Mary hat dunkle Haut. Mary fragt nicht mehr nach ihm. Längst hat sie begriffen, dass ihre Mom solche Fragen nicht verträgt: sie verfalle dann ins Grübeln und ziehe sich in den Keller zurück. „Das ist dann, wie wenn sie tot wäre." Es sei für Mary, „als ob das Herz friert".
Ich verstehe, wie die Beziehungsabbrüche (Schweigen ebenso wie krank werden, in die Klinik gehen ...) für Miriam sein müs-

[7] Bilder von „Haus" oder „Zimmer" verweisen immer auf die Bewohner; oft sind sie, im Sinne des „pars pro toto" (ein Teil für das Ganze) ein Symbol, für die gestaltende Person.

sen. Die Unerreichbarkeit der Mutter hat etwas Lebloses und ihr Verstummen ist von bestürzender Absolutheit: jedes Mal ein neuer Tod. Leben ist immer ein Leben am Rande des Todes.
Miriam lässt im Haus Mary mit ihrer Mom wohnen, aber sie setzt auch eine männliche Figur ins Wohnzimmer. Diese Figur hat keinen Namen, sie „lebt“ auch nicht eigentlich, indem sie etwa arbeitet, den Garten versorgt, das Auto wäscht oder mit jemandem Kontakt hat. Diese Figur wird mit umgeräumt, wenn Miriam das Zimmer umgestaltet, sie bleibt anwesend, aber passiv und nicht eigentlich erkennbar als Individuum.
Mary hat die Küche ausgestattet, sie hat eingekauft, räumt Regale voll mit Töpfen und Tellern, deckt schließlich den Tisch. Ein Hund ist ins Haus gekommen und eine Katze ist ihr zugelaufen.
Die beiden haben Näpfe vor sich stehen. „Alle haben Hunger.“ Diese lapidare Feststellung „alle haben Hunger“ scheint mir einer der roten Fäden dieser Lebensgeschichte zu sein. Liebeshunger. Beziehungshunger. Lebenshunger – ein Lebenshunger, der vielleicht die notwendige Kraft werden könnte, um sich aus dem depressiven Sog von Verlassenheit, Enttäuschung, Krankheit und Todesnähe herauszukämpfen.
Aus Knetwachs soll ich nun Lebensmittel machen. Gelbe Kartöffelchen, Karotten, Steaks (mit weißem Fettrand!), alles wird auf Tellern angerichtet. Salatblätter mit Tomatenscheibchen locken aus der Holzschüssel. Die Becher sind voll Rotwein oder Cola, es gibt sogar eine Platte mit verschiedenen Käsesorten...
Hunger. Hunger in einem satten Land.
Hunger nach Bezogensein. Hunger nach Stetigkeit in der Beziehung. Hunger nach Sinn.[8] Hunger – Symbol für eine Lebenskraft, die zur Nahrungsaufnahme, zur Weiter-Entwicklung drängt.

[8] „Hunger nach Sinn“ ist der Titel eines Buches von Ursula Wirtz und Jörg Zöbeli. In diesem Buch geht es um Menschen in Grenzsituationen; es geht um traumatisierte Menschen, die einen Sinnverlust erlitten haben, ist jedoch auch von Bedeutung für Menschen in helfenden Berufen, die den Sinn ihres Tuns hinterfragen (wollen).

## 4. Michael und die Realitäten

Michael ist ein äußerst aufgeweckter Zwölfjähriger. Er weiß alles, da ist er sicher, er kann vieles, da bin ich sicher. Er hat kein Problem, „ja wo denn?", er hat bloß keine Zeit. Keine Zeit für gar nichts.

Ja, und einschlafen kann er auch nicht so gut, aber das sei kein Problem, da setze er sich die Kopfhörer auf und lasse sich von den Bässen („die müssen voll dröhnen, ey!") in den Schlaf wummern. Ich kann mir vorstellen, dass er das „geil" findet oder „voll cool", aber das brauche ich nicht zu sagen, das teilt er mir nach einigen technischen Erläuterungen fröhlich selber mit.

Michael ist mir haushoch überlegen, was die Detailkenntnis von Serien anbelangt. Dass ich nach einer Weile schließlich mit den Turtles recht vertraut bin, verdanke ich seinen Bemühungen. Immerhin kannte ich die Simpsons schon vorher recht gut, und das erleichtert mich auf meinem Stammplatz hinterm Mond ein wenig.

Ich sehe bald ein, dass ich die Möglichkeiten, die ein Computer bietet, vermutlich nicht annähernd nutze, und fast komme ich mir mickerig vor mit dem bisschen Internetgesurfe und meinem heimlichen Stolz, als ich mein Email-Adressbuch endlich mit Daten füttern kann.

Michael, siehe oben, weiß alles und das schon längst.

Michael hat einen Terminkalender, und der ist immer voll. Er braucht ihn, weil Tennis und Fußball, Schlagzeugunterricht, Verabredungen und sonstige Termine eingetragen werden müssen, sonst vergisst er alles.

Klar – Michael hat eine „Sekretärin" (seine Mutter) und einen Chauffeur (auch seine Mutter, ersatzweise die Oma, seltener der Vater).

Dass Michael nur Sportschuhe einer bestimmten Edelmarke trägt, dass auf seinen Anziehsachen nur Nobel-Labels prangen und dass die Reisen, die er mit seinen Eltern macht, eindrucksvoll sind – all das erfüllt ihn mit nachlässigem Stolz. Es gibt

„winner“ und looser“, und zu letzteren gehört er jedenfalls nicht. Sagt er.
Ich frage mich, ob ich eigentlich eher „winner“ oder eher „looser“ bin.
Und dann frage ich mich, was Michael eigentlich bei mir soll? Dieses flott durchgestylte Kind von der Sonnenseite des Lebens?
Nach einigen Stunden kommt Michael sehr nachdenklich ins Therapiezimmer, setzt sich hin, schweigt ganz gegen seine Gewohnheit.
Und dann fragt er mich, was Realität sei.
Ich beantworte die Frage nicht, sondern frage zurück, was denn real, also wirklich sei? Hier zum Beispiel.
Das Zimmer, in dem wir sitzen ist real. Das Beet vor dem Fenster, der Garten. Der Fliederbusch. Das Gartenhaus.
„Alles, was wir anfassen können,“ sagt Michael. „Was wir riechen und schmecken können...“
Er denkt sehr konzentriert, scheint auch in sich hineinzuhorchen. „Ist ein Film real? Das, was man da sehen kann? Wenn sie im Fernsehen Tierfilme oder sowas bringen?“
Über das Abbilden der Realität und das Konservieren der Bilder kommt er auf die Turtles. Die sind im Film[9] – könnten sie dann nicht auch real sein?
Oder sind sie nur Simulation einer Realität?
Wer weiß denn das?
Und die Realitäten, die das Fernsehen zeigt? Die Toten zum Beispiel!
Woher weiß ich denn, ob die nicht gleich wieder aufstehen?
Und wenn die Kriege alle nur gespielt sind?
Und wenn die Lara Croft doch echt ist?
Und wenn sie nicht echt ist, ist sie dann trotzdem real?
Ich weiß nicht, wohin die Fragen führen werden. Ich sehe nicht einmal eine Richtung, verliere immer wieder den Faden, sacke

[9] Hiller, B. B.: Ninja Turtles III, Bergisch-Gladbach, 1993

ab mit eigenen Gedanken und bin plötzlich bei dem Gefühl innerer Leere, das mich zum Beispiel nach Spielen am Bildschirm befällt.
Das ist eine Leere, die nicht Erschöpfung nach Anstrengung bedeutet, sondern eine Art von Ausgelaugtsein gepaart mit Verlassenheitsgefühlen.
Eine Leere, die noch leerer ist als bloße Hohlheit.
Dies Gefühl sitzt plötzlich schwer in meinem Bauch, und ich frage mich, ob Leere überhaupt ein Gewicht haben kann und ob das noch real ist.
Michael fragt sich, ob Träume wirklich sind. Er fragt sich wo er denn eigentlich ist, wenn er träumt, denn wenn er träumt, sei er ja – im Traum – an irgendeinem Ort, den er riechen, spüren, anfassen könne, und das sei ja dann wirklich! Er rede doch auch mit den Leuten – bloß wissen die das am anderen Tag gar nicht. Vielleicht sei denen das peinlich?
Er denkt sich manchmal etwas aus, sagt er. Er hat vor einiger Zeit ein Tamagotchi gehabt. Das Ei mit dem Display, also, das sei real gewesen, das konnte er anfassen.
Aber das Tierchen im Display – was war damit?
Irgendwie sei das schon real gewesen, er habe es ja sehen können. Er habe es gefüttert, saubergemacht, mit ihm gespielt. Und wenn es gestorben ist – naja, dann habe er sich ein neues gemacht, reingepiekt in das Loch von dem roten Ei mit dem Display, und dann sei auf dem Display ein neues „Ei" erschienen, das hat gepumpt wie ein Herz, so richtig lebendig, und dann sei ein neues Tier ausgeschlüpft. Diese Tierchen haben sich unterschiedlich entwickelt, er wusste nie vorher, ob es kränklich sein würde oder gesund, ob es lange leben würde oder nur kurz...
Jedenfalls: er habe sich vorgestellt, wie das wäre, wenn er selber so ein Tierchen hinter einer Display-Scheibe wäre.
Ob er das dann überhaupt wissen könne? Ob er es merken würde? Oder ob er jetzt hier mit mir sitze und gar nicht wisse, dass irgendwo da draußen hinter dem Garten, hinter dem Wald oder noch weiter dahinten, hinter den Hügeln eine Glas-

wand[10] sei, durch die jemand gucke, uns zusehe, jemand, der uns ausknipsen könne oder neu machen...

Indem ich mich auf die Phantasiereisen in der Gedankenwelt des Zwölfjährigen einließ, wurde mir der intellektuelle Reiz solcher philosophischen Exkursionen schal, und stattdessen begriff ich, wie derlei Gedankengebäude Michael am Einschlafen hindern konnten, so dass nur noch wummernde Bässe ihn in den Schlaf – nein, nicht wiegen, sondern nur rocken konnten: „Es muss so laut sein, dass es einem jeden Gedanken aus dem Schädel haut!"

Unsere Gespräche sind eher ein Monolog, der im Fluss bleibt durch meine Fragen, wenn ich etwas nicht verstehe, und durch meine „Mhm´s", die ihm meine Anwesenheit und mein Zuhören bestätigen.

Freilich durchstreifen wir das, was als „virtual reality" gehandelt wird, die virtuelle Realität, zu der wir uns via Computer Zugang verschaffen können.

Um Missverständnissen vorzubeugen: Ich habe einen Computer, aber der steht in meiner Wohnung im Arbeitszimmer. Ich weiß, dass manche Therapeuten (auch) Computer einsetzen, um zu Kindern und Jugendlichen in Kontakt zu treten; mir liegt das nicht. Allerdings ist mir wichtig, zumindest bruchstückhaft zu wissen, von was meine Patienten reden, auch wenn letztendlich meine Erlebnisse mit (beispielsweise) dem Medium Computer andere sind als die ihren. Sie sind aber vielleicht teilweise kongruent, denn ich kann mich natürlich nicht

[10] Die 1970 gestorbene Dichterin Marlen Haushofer hat in ihrem Roman „Die Wand" über Nacht eine Wand aus Glas in der Welt einer Frau entstehen lassen, die fortan ihr Leben in diesem abgetrennten Welt-Teil führt. Ich habe diesen Roman viele Jahre vor meiner Begegnung mit Michael gelesen, und während er mir seine Gedanken als Liste von Fragen vorlegt, erlebe ich sehr deutlich die Stimmung dieses Romans zwischen (Alp)traum, Trauma und Realität, dieses Entfremdet-Sein im Vertrauten, die verzweifelte Vereinzelung. Ich bezweifle, daß Michael diesen Roman je gelesen hat (oder lesen wird). Ich erwähne ihn, weil sich seine desorientierte Gestimmtheit mir in Michaels Gegenwart derart zwingend aufdrängte. Sein Durchdenken der „Realität" ist melancholisch grundiert und mit somnambuler Sicherheit führt er mich als Begleiterin auf seinem Weg.

der Faszination des Mediums entziehen, um nur ein Beispiel zu nennen.

„Mit der Öffnung in den Cyberspace ist ein Riss im Raum entstanden. Durch ihn leuchtet eine Verheißung. Die Übersetzung in die virtuelle Realität des Computers verspricht nicht weniger als die Überwindung der Differenz von Sein und Nicht-Sein."[11]
Sie verspricht dies, ohne es jedoch wahrhaftig zu ermöglichen. Alles bleibt in einer möglichen Wirklichkeit, das Unmögliche kann nahezu wirklichkeitsgetreu nachgeahmt und dargestellt, „realisiert", „verwirklicht" werden. „Allerdings bleibt selbst die täuschendste Simulation der Wirklichkeit immer ihre Imitation."[12]

Die Grenzen zwischen Wirklichkeit, Täuschung und Simulation, zwischen Denken, Träumen und Phantasieren sind brüchig bei Michael. Die Verwirrungen und Verirrungen treiben ihn um, er kann sich nirgends wirklich verorten.

Wenn es im Internet einen Friedhof für Tamagotchis gibt, gibt es also einen Tamagotchi-Tod? Kann es dann nicht auch ein wirkliches Tamagotchi-Leben geben? Und: wie real ist er selbst? Einmal berührt er die Frage des Machens von Leben: Computerviren sind gemacht, ausgedacht und hernach in die reale Welt gesetzt, wo sie sehr realen Schaden anrichten. Erwachsene machen Kinder. Was ist dieses Machen? Hier geht es nicht um Aufklärung, sondern um das Warum des Kinder-Machens. Und es geht um die Frage, warum (und wozu?) er gemacht wurde. Um Marionette seiner Eltern zu sein? Ihr Aushängeschild? Ein Füllsel für die Leere zwischen ihnen? Kuscheltier? Eine Art Hobby?

Diese Fragen sind sicher nicht neu. Auch sind sie wahrscheinlich nicht typisch für heutige Kindheiten. Typisch ist allerdings das Material, aus dem Michael die Gedankengebäude errich-

[11] Zitat aus dem Essay: „Die Entzauberung des Scheins", in: S. Münker, A. Roesler (ed.), „Mythos Internet", Frankfurt, 1997

[12] Zitat aus „Die Entzauberung des Scheins", a.a.O.

tet, und typisch ist, dass die Realisierbarkeit von Phantasien in der virtuellen Welt möglich ist. Und: die virtuelle Welt steht als Flucht-Ort ständig zur Verfügung.
Es wird plötzlich möglich, die Realität der eigenen Körperlichkeit abzulegen, durch Wände zu sehen, sie zu durchschreiten, zu fliegen, immense Machtsysteme zu befehligen, sogar mehrere Leben zu haben. Das Ich, das sich durch Cyberwelten bewegt, sammelt völlig neue Erfahrungen, erwirbt die Illusion absoluter Kontrolle und magischer Omnipotenz. Dieses magische Erleben kann süchtig machen nach einem Mehr und Stärker der Reize, es kann berauschen und ernüchtert auftauchen lassen.
Dieses Erleben kann jedoch auch durch eine Grundgestimmtheit, durch individuelle Ängste und Fluchtversuche zu einer quälenden Verwirrung führen – wie sie in Michael wütet, wenn er sich abends nicht entspannt in den Schlaf fallenlassen kann, sondern Bässe-Gedröhn braucht, um eigene bedrohliche Gedanken und Nachtmahre wegzudrücken.
Nicht „der Computer“ oder „die Video-Spiele“, „das Internet“ oder „dieses neumodische Zeugs“ sind Schuld an Michaels Misere; die Dinge sind die in dieser Zeit vorgefundenen Versatzstücke, aus denen sich Michael eine eigene Welt für die Projektion seiner Ängste baut. Dieses Angebot an Versatzstücken ist etwas, das den Rahmen seines Kindseins prägt. Ob es ein Traum ist, ein Traum voll neuer magischer Erlebnisse, ein Traum von vorübergehend ausgeliehener Allmacht, oder ob es ein Alptraum wird, in dem die eigene reale Leibhaftigkeit sich in Frage gestellt sieht und das Ich verblasst – das hängt von psychischen Gegebenheiten ab.
Michael arbeitet jedenfalls hart daran, seine Beine diesseits des Bildschirms auf den Boden zu kriegen, und ich begleite ihn durch seine Geschichten, die ihm helfen, sich zu verorten und seine Gefühle zu differenzieren.

Mit den vier Geschichten, die ich „hinter der Couch“ aufgeschrieben habe, lässt sich, so hoffe ich, ein Spektrum erahnen

von Möglichkeiten heutiger Kindheitsgeschichten.
Gleich geblieben sind sicher die Gefühle selbst, die Kinder heute wie früher (vor zwanzig, dreißig, fünfzig... Jahren) umgetrieben haben: Liebe und Eifersucht, Hoffnung und Enttäuschung, Scham, Freude, Langeweile, Angst, Ärger, Zorn, Wut, Neid und Missgunst, Vergnügen und Heiterkeit, Begeisterung, Staunen und Neugier, Glück und Unternehmungslust, Mut, Erwartung, Einsamkeit, Verlassenheit, Verwirrung, Sehnsucht, Kummer und Traurigkeit – auch heutigen Kindern bleibt nichts von all dem erspart, nichts bleibt ihnen vorenthalten von dem breiten Spektrum der Gefühle, denn die sind menschlich und gehören zum Leben. Sie bleiben gleich, lediglich die Umstände, die Randbedingungen des Lebens ändern sich. Der Alltag ist komplexer geworden, Beziehungen komplizierter, „anders" durch Scheidungen, neue Partnerschaften, „Patchwork-Familien",[13] um nur weniges zu nennen.
Vor 50 Jahren gab es alleinerziehende Mütter vorwiegend, weil Väter gefallen oder vermisst waren; diese Rahmenbedingungen prägten damalige Kindheitsgeschichten von Liebe, Sehnsucht und Verlassenheit. Selten war eine Scheidung der Grund für den Verlust eines Elternteils. Heute leben die „weggeschiedenen" Väter noch, ja, wir rühmen uns mittlerweile der gemeinsamen elterlichen Sorge.[14] Dennoch sind die emotionalen Fangstricke ausgelegt: Kinder sind oft unsicher, ob sie nach dem weggeschiedenen Elternteil, meistens dem Vater, fragen dürfen, ob sie damit niemanden verletzen oder kränken. Kinder können, wenn sie keinen Kontakt mehr zum Vater haben, nicht anders als sich fragen, ob sie womöglich selbst die Scheidung verursacht, den Vater (oder eben die weggeschiedene Mutter) vertrieben haben. Und: sie leiden unendlich unter dem Vergessenwerden, das in mancherlei Hinsicht schlimmer ist, als

[13] vgl. Bernstein, A.C.: Die Patchworkfamilie. Wenn Väter und Mütter in neuen Ehen weitere Kinder bekommen, Stuttgart, 1990

[14] seit dem neuen Kindschaftsrecht 7/98

mit einem wirklichen Tod fertig zu werden. Die sehr verwirrend komplexen Beziehungen und undurchschaubaren Brüche sind in dieser Häufung[15] neu. Felicitas´ Geschichte mag als ein Beispiel für viele stehen.
Auch in Miriams Geschichte fehlt der Vater. An ihr wird deutlich, wie groß Beziehungshunger sein kann. Und wenn dann noch andere belastende Umstände hinzukommen, Depression und Krankheit der Mutter, immer wieder Trennungen und, schlimmer noch, die bedrohliche Todesnähe, dann kann selbst ein Kind seines Lebens überdrüssig werden.
Max, der mir die Geschichte vom Wuschelhund erzählte, hat, von außen betrachtet, ein tolles Fundament für den Start ins Leben. Seine Kindheit könnte von außen besehen als traumhaft imponieren – und doch ist Max voller Angst. Ihn ängstigt das Großwerden-Müssen, und dabei ist es zunächst einmal gleichgültig, ob der Vater wirklich Druck ausübt, oder ob Max sich unbewusste Strebungen und Sehnsüchte des Vaters zu eigen macht: ihn treibt die Furcht um, den Plänen seines Vaters und dem Erwachsenenleben überhaupt nicht gewachsen zu sein. Er versagt in der Schule, als könne er damit einen Aufschub erreichen vor dem erwachsenen Leisten-Müssen, an dem er zu scheitern fürchtet. Bei Max' Geschichte können wir uns fragen, ob sein Versagen in der Schule nicht ein Segen ist – auf eine Weise. Schließlich rüttelt das Versagen die Lehrerin und die Eltern auf, und sie suchen Hilfe. Wenn wir Max' nachlassende Leistungen und sein „Ausknipsen" jeglichen Interesses als Hilferuf verstehen, so war er erfolgreich:
Max ist in Therapie gekommen, ihm konnte geholfen werden, und die Eltern hatten Gelegenheit, ihre eigenen Lebenspläne durchzuarbeiten. Dadurch wurde Max entlastet.
Etwas Besonderes zeichnet die Kindheitsgeschichten aus, die in Therapien erzählt werden, und das ist der Vorgang des Erzählens selbst.

[15] Lt. Stat. Bundesamt waren allein 1997 von der Scheidung der Eltern 163.112 Kinder betroffen.

Das Zu-einer-Geschichte-Werden transformiert das einzelne „Schicksal“[16] in eine Erzählform. Die tradierte Form der Geschichte (die literarische Gattung) hebt die jeweilige individuelle Erfahrung auf die Ebene der Kommunikation: das erlebte Schicksal, die persönliche Geschichte wird einem Gegenüber erzählt. Dadurch werden Erlebnisse, Erfahrungen, Erlittenes wie „Angefreutes“ mitteilbar, teilbar mit einem Du. Dieses anteilnehmende Du wird zum Begleiter durch die Geschichte eines Lebens, wird zu einem Zeugen dieses Lebens. Die Zeugnis-Funktion des Zuhörers beim Erzählvorgang ist allein schon „therapeutisch“, denn eine heilsame Wirksamkeit kann sich entfalten durch den Trost,[17] der in der Begleitung liegt.
Das Erzählen ist eine grundlegende Verfahrensweise des Menschen, bildet Identitäten aus und hilft, den Menschen als Sozialwesen zu verorten. (Das heißt, ihm einen festen Platz in seinem sozialen Umfeld, in seiner Familie wie der Gesellschaft, in der er lebt, zu definieren, B.F.) „Narrativität ist ein fundamentales Ordnungsprinzip menschlichen Erlebens und Handelns.“[18] In dem gestalterischen Spiel-Raum der Selbstdarstellung entwickeln nicht nur Erwachsene sondern auch Kinder individuelle Zusammenhänge zwischen beispielsweise Biographie und Persönlichkeit, Biographie und Krankheit, eigener und elterlicher Biographie usw.
Das erzählerische Zusammenhalten des eigenen Lebens hilft, die eigene Vergangenheit in einer sozial geprägten und sanktionierten Form (eben der Erzähl-Form) zu ordnen und zu bewahren. Außerdem wirkt das Erzählen sinnstiftend, weil sich

[16] Das ist ein wuchtiger Begriff, der dennoch am ehesten zutrifft.

[17] Trost wird heute oft als etwas bestenfalls Angestaubtes angesehen; er ist ein wenig in Verruf geraten - zu Unrecht, wie ich meine. Ich verstehe Trost nicht als etwas, das Schmerz und Leid „wegwischt“ durch ein „Vertrösten“ auf später! Als Bild für guten Trost wähle ich die Sterbebegleitung. Der Trost des Sterbebegleiters besteht in seinem Da-Sein, Anwesend-Sein und Anteil-Nehmen am Sterbenden in der ihm verbleibenden Zeit.

[18] Zitat aus der Antrittsvorlesung „Alles gleich gültig und nichts gleichgültig“, Dr. Gabriele Lucius-Hoene, Universität Freiburg, 29.1.1997

immer wieder die Frage nach dem Wozu einschleicht. Und die Suche nach Sinn treibt nicht nur Erwachsene um! Wenn wir uns Michaels Geschichte mit den vielen noch unbeantworteten Fragen ansehen, so ist sie voller Hunger nach Sinn!

Zuletzt schließlich bildet und stabilisiert das Erzählen die Identität.[19] Das Identitätsgefühl beruht nicht nur auf der Gewissheit, in der eigenen Haut zu stecken, und auf der inneren Sicherheit, dass Körper und Identität nicht voneinander zu trennen sind. Zum Gefühl der Identität gehört auch das unverbrüchliche Wissen um die eigene Lebensgeschichte, die dem Ich widerfahren ist, die es mitgestaltet hat. Das eigene Geworden-Sein findet in der Erzählung eine Gestalt, in ihr wird es bewahrt, und in ihr kann es weitergegeben werden. Das wiederum festigt und verankert die Gewissheit, Ich (und kein anderer) zu sein.

Für den Wert des Narrativen in der Therapie mag Michaels Geschichte als Beispiel dienen, auch wenn seine Geschichte keinen durchgängigen Handlungsfaden spinnt. Das irrlichternde Monologisieren am Anfang spiegelt seine innere Zersplitterung in zahllose „an-gedachte" Geschichten. Das Zusammentragen in meinem Beisein, das Ordnen, Teilen und Mit-Teilen hilft ihm, sich selbst zu sammeln und ein realer Michael in dieser realen Welt zu werden. Wobei zu dieser realen Welt auch die Möglichkeit gehört, in möglichen alternativen Welten Erfahrungen zu sammeln und dann – wieder heimzukommen.

19 Über therapeutisch-kreativen Umgang mit Sprache, über Poesie- und Bibliotherapie finden sich wichtige grundsätzliche und viele weiterführende Gedanken bei: H. Petzold; L Orth (Hrsg.): Poesie und Therapie. Über die Heilkraft der Sprache, Paderborn, 1985

Carola Leyh

# „Bloß nicht wie meine Mutter!"

## Mütter und Töchter – Schwierigkeiten und Chancen einer Beziehung

Vielen Frauen reicht es heute nicht mehr aus, nur Mutter zu sein. Mutter-Sein ist nur ein Aspekt der Identität einer Frau, das heißt, die Persönlichkeit einer Frau wird nicht länger über das Gebären und Aufziehen von Kindern definiert. Früher dagegen waren Mutter- und Frausein unauflösbar miteinander verbunden, da Frauen nicht wählen konnten zwischen einem selbstbestimmten Leben und dem der Abhängigkeit vom männlichen Versorger. Aber auch wenn heute nicht mehr alle Frauen Mütter werden, sind doch alle Töchter, und Töchter haben Mütter!

In den 70er und 80er Jahren zeigten die Feministinnen die jeweiligen weiblichen Erfahrungen mit der Mutterrolle in all ihrer Ambivalenz auf. Abschied vom Mythos Mutter bedeutete Abschied von der Vorstellung, eine Frau sei ganz das Objekt ihres Kindes, keine eigene Person, kein Subjekt mit eigenen Bedürfnissen und Zielen.

Ging es innerhalb der Frauenbewegung vor allem um die Verbundenheit und Gleichheit von Frauen schlechthin, geht es in der heutigen Zeit eher darum, neben den Gemeinsamkeiten auch die individuellen Unterschiede wahrzunehmen und somit auch die dadurch bedingten Konflikte zu thematisieren.

Ebensowenig wie es in puncto Gleichberechtigung der Geschlechter mittlerweile um das Gleichsein geht, sondern eher um die Hervorhebung der Unterschiede zwischen den Geschlechtern im Sinne einer gegenseitigen psychischen Befruchtung, geht es auch in puncto Mütter und Töchter weniger um das Gleichsein, sondern eher um die Anerkennung der Differenz.

Auf diesem Hintergrund kann auch „ein besseres Verständnis der Mutter-Tochter-Dynamik zu einem besseren Verständnis der Dynamik zwischen Frauen im allgemeinen führen“[1], als

[1] van Mens-Verhulst, J.; Schreurs, K.; Woertmann L.: (Hrsg): Töchter und Mütter. Weibliche Identität, Sexualität und Individualität, Stuttgart, 1996, S. 12

auch zu einem besseren Verständnis zwischen männlichen und weiblichen Beziehungspartnern.

Als ich mit sieben Jahren in die Grundschule kam, hatte ich lange lockige Haare, die der ganze Stolz meiner Mutter waren. Mit zwölf Jahren dann ging ich ohne elterliche Erlaubnis zum Friseur und entledigte mich dieser Haarpracht bis auf ganze zwei Zentimeter. Das Entsetzen und die Wut meiner Mutter über diese Eigenmächtigkeit meinerseits und ihre Aussage, nun sei ich nicht mehr ihr liebes kleines Mädchen, vielmehr sähe ich aus wie ein Junge, empfand ich als Triumph.
Zehn oder zwölf Jahre später saß ich wieder einmal beim Friseur, sah voller Entsetzen in den Spiegel und sagte: „Um Himmelswillen, ich sehe ja aus wie meine Mutter!"
Ich verließ den Salon nicht eher, bis ich einen Haarschnitt hatte, der mir zwar in keinster Weise gefiel, aber der Frisur meiner Mutter wenigstens äußerst unähnlich war. Einige Jahre später wiederum stolperte ich dann über einen Buchtitel, der folgendermaßen lautet: „Ich schaue in den Spiegel und sehe meine Mutter."[2]
Mir wurde damals bewusst, dass ich zwar eine Frau sein wollte, aber eben nicht so wie meine Mutter. Heute weiß ich, dass der Aufbau einer eigenständigen weiblichen Identität ein lebenslanger Prozess ist. Diesbezüglich lässt sich feststellen, dass sich recht wenig verändert hat im Verhältnis zwischen Mutter und Tochter, was mir meine Patientinnen und ihre Mütter immer wieder bestätigen.
So äußerte kürzlich eine 13-jährige, sie würde sich am liebsten eine Glatze schneiden lassen, weil die Erwachsenen immer sagten, sie habe so schöne Haare.
Oder ein 15-jähriges Mädchen: „Meine Mutter hat mir Sachen gekauft, die ihr selbst gut stehen!"

[2] Franck, B.: Ich schaue in den Spiegel und sehe meine Mutter, München, 1979

Fast identisch hierzu eine 16-jährige: „Ich glaube, meine Mutter findet die Kleider für mich gut, die ihr selbst stehen würden!" Dieselbe Jugendliche äußerte sich auch empört darüber, dass die Mutter bezüglich eines Jungen, der ihr gefällt meinte, der gefiele ihr, also der Mutter, auch gut, den würde sie gleich nehmen. Selbstverständlich wollte diese Mutter ihrer Tochter Mut machen, sie unterstützen, aber eben, indem sie sich selbst zu sehr mit ins Spiel brachte, anstatt bei der Tochter zu bleiben und somit die Differenz aufrechtzuerhalten.
Eine 17-jährige träumt, dass ihr gegen ihren Willen die Haare geschnitten werden und wacht entsetzt auf. Entsetzt deshalb, weil Haare bei Frauen allgemein ein Weiblichkeitssymbol darstellen, und weil ihr Gewalt angetan wird, ihr eigenes Wollen nicht akzeptiert wird.
Eine weitere 16-jährige: „Ich habe nichts auf die Vokabelarbeit gelernt, um es meiner Mutter zu zeigen, die immer nur gute Noten von mir erwartet!"
Eine 13-jährige, die schon etwas bewusster ist: „Ich war immer schlecht in der Schule, weil meine Mutter wollte, dass ich gut bin. Jetzt bin ich gut, aber weil ich es will!"
Eine 18-jährige junge Frau: „Ich habe es aufgegeben, mit meiner Mutter über meine Probleme reden zu wollen, da sie mir stets einzureden versucht, ich würde immer das Unmögliche wollen, solle am Boden bleiben, mich nach einem netten Mann umsehen und anstatt studieren zu wollen, Beamtin werden."
Dieselbe junge Frau, die wegen einer Essstörung in Behandlung ist: „Ich habe mir einen Schokoriegel gegönnt, den ich ganz bewusst genießen wollte. Als meine Mutter das sah, schrie sie mich an und meinte, wenn ich noch fetter würde, bekäme ich nie einen Mann! Ich war darüber so wütend, dass ich zwei Tafeln Schokolade in meinem Zimmer in mich reinfraß!"
Eine erwachsene Frau schildert, wie sehr sie in ohnmächtiger Wut darunter litt, dass sie als Kind aus Kostengründen die alte, abgetragene Kleidung ihrer Mutter – sogar die Unterhosen auftragen musste.

Oder die Aussage einer Magersüchtigen: „Mir ist die wirkliche Beziehung zu meiner Mutter gerade erst klar geworden ... Sie kann sich einfach nicht vorstellen, dass ich anders sein könnte als sie ... Wenn sie glaubt, dass etwas für mich gut sei und ich lehne es ab, wird sie eisig ..."[3]
Andere Mütter sind in solchen und ähnlichen Situationen beleidigt, und ich glaube, das kennen die meisten Frauen.
Warum wollen junge Mädchen und Frauen keinesfalls wie ihre Mütter sein oder werden, bzw. deren Erwartungen an sie erfüllen, so dass der Satz: „Bloß nicht wie meine Mutter!" generationenübergreifende Gültigkeit hat?
Mit einem simplen „Mother-blaming" im Sinne von alleiniger Schuldzuweisung an die Mütter kommen wir hier nicht weiter, da ja auch sie Mütter hatten, bzw. Töchter waren.
Das Stichwort kann hier nur Selbstbestimmung heißen. Es geht um Individuation, das Hervorbringen der individuellen Freiheit, des eigenständigen Ichs, einer eigenen Identität. Vera King bezeichnet die „schöpferische Hervorbringung der eigenen Identität, die Fähigkeit zur Aneignung der eigenen Geschichte und des Geschlechts" als zentrale Aufgabe der Adoleszenz.[4] Unter Adoleszenz versteht man die Phase des Übergangs zwischen Kindheit und Erwachsensein, jene psychischen und sozialen Prozesse, die die biologischen Veränderungen, auf die sich der Begriff Pubertät bezieht, begleiten.
Für die jungen Mädchen und adoleszenten Frauen geht es also um die paradoxe Situation, sich von der Mutter einerseits abgrenzen und sich andererseits mit ihr als Frau identifizieren zu müssen, sowohl im Außen als auch im Inneren. Individuation ist als „schöpferischer Akt", als ein „Sich-selbst-Gebären" zu verstehen, ein „Sich-selbst-Hervorbringen" als Frau,[5] was nur

[3] Palazzoli, M.S.: Magersucht, Stuttgart, 1989, S. 58

[4] King, V.: Die Urszene der Psychoanalyse. Adoleszenz und Geschlechterspannung im Fall Dora, Stuttgart, 1995, S. 295

[5] King, V.: a.a.O., S. 340

auf dem Hintergrund möglich ist, dass heranwachsenden Töchtern ein positives Modell von Weiblichkeit angeboten wird. In der Adoleszenz geht es also um die zweite Geburt, die Geburt in die Unabhängigkeit von der frühen, versorgenden Mutter bei gleichzeitiger Identifikation mit ihr als Frau. Wahrlich, eine paradoxe Situation, denn Identifikation bedeutet „Sein-Wie", Identität dagegen „Selbst-Sein".

Je schwerer die Abgrenzung bzw. Abnabelung von der Mutter fällt, das heißt, je enger und unaufgelöster die Mutter-Tochter-Beziehung ist, um so drastischere Maßnahmen werden ergriffen, um sich abzugrenzen. Anders ausgedrückt, je mehr bei jungen Mädchen gepierct, tatoot oder zu Tode gehungert wird, desto schwerer scheint diese zweite Geburt zu sein. Dies gilt vor allem für Familien, in denen Anderssein, Andersdenken usw. mit Verrat gleichgesetzt und mit Liebesentzug und Entwertung geahndet wird.

So können wir auch immer wieder feststellen, dass vor allem Mütter ihren Kindern dann klare Verhaltensregeln erteilen, wenn zum Beispiel die Großeltern zu Besuch kommen. Über dies und das darf nicht gesprochen werden, der Ohrring oder Nasenring usw. muss raus.

Eine etwa 40-jährige Frau und Mutter, die sich ein Tatoo machen ließ, achtete stets darauf, dass sie sich so kleidete, wenn sie zu ihrer eigenen Mutter ging, dass diese das Tatoo nicht sehen konnte. Das Tatoo erschien ihr wie ein Verrat an der Mutter, als ob sie sich einen eigenen Stempel, ihr Symbol, habe aufdrücken lassen, was aber mit massiven Schuldgefühlen behaftet war. Die Rebellion gegen den Stempel, den einem die eigene Mutter aufdrückt, führt, wie wir immer wieder sehen können, häufig dazu, dass wir uns andere Stempel aufdrücken lassen und wieder fremdbestimmt bleiben. In diesem Kontext erscheint es mir auch recht interessant, dass sich gerade junge heranwachsende Mädchen häufig einen Bauchnabelring zulegen, wo ja der Bauchnabel das Symbol für die ehemalige Anbindung an das mütterliche Objekt darstellt. Der Bauchnabelring soll wohl diese zweite Entbindung vom mütterlichen Objekt symbolisieren. Hierbei fällt auf, dass gerade der Ring „Ewigkeit, Verbindung, Treue, Zugehörigkeit" symbolisiert und somit verdeutlicht, dass das, was entbunden werden soll mittels des Symbols Ring ins Gegenteil verkehrt, das heißt verfestigt wird. Hier gilt: je schwerer die Abnabelung, desto eher muss ich zu künstlichen Mitteln greifen, die helfen, die vermeintliche eigene Identität zu zementieren.

Die geschlechtliche Identität entwickelt sich vor allem im zweiten Lebensjahr und ist im dritten bereits fest verankert, darin stimmen Theorie und Forschung heutzutage überein. Während sich der kleine Junge vor die schwierige Aufgabe gestellt sieht, die Identifikation mit der ersten geliebten Person abbrechen zu müssen, um sich männlich identifizieren zu können, braucht das kleine Mädchen seine Identifizierung mit der Mutter nicht aufzugeben. Die Identifikation des kleinen Mädchens mit der Mutter bzw. ihrer Rolle als Mutter und Frau zeigt sich unter anderem darin, dass kleine Mädchen die Kleider und Schuhe der Mutter anprobieren, an Puppenherden kochen und in Puppenhäusern die Puppenkinder versorgen und herumkommandieren, wie sie sich selbst von den Erwachsenen herumkommandiert fühlen. Daran, was kleine Mädchen spielen und wie sie mit Spielobjekten agieren, lässt sich erkennen, welches Modell ihnen vorgelebt wird, das sie internalisieren und mit dem sie sich zunächst identifizieren. Es hängt also großen Teils davon ab, welche Modelle von Weiblichkeit innerhalb der Familie und Gesellschaft angeboten werden, weshalb kleine Mädchen eher mit Barbie-Puppen spielen oder wie Pippi Langstrumpf in Bäumen herumklettern und kleine Jungen in Angst und Schrecken versetzen.
Beeindruckend in diesem Zusammenhang fand ich das Spiel eines neunjährigen Mädchens mit Handpuppen. Zwei Prinzessinnen, Schwestern, war das Nur-Prinzessinnen-Dasein öde geworden, weshalb sie beschlossen, einen Job anzunehmen. Es gab viel Ärger im Königshaus, wodurch sich die Handpuppen-Prinzessinnen aber nicht beirren ließen. Schließlich heirateten

sie auch und bekamen Kinder, hatten aber teils bessere Jobs als ihre Prinzen, eine heiratete sogar den Seppel, also nicht standesgemäß, weshalb sie auch weiterhin berufstätig blieben. Beide Prinzessinen waren stimmgewaltig, das heißt, sie konnten ihre Meinung vertreten und überzeugend durchsetzen.
Der entscheidende Nachteil für Mädchen, die länger als kleine Jungen im weiblichen Einflussbereich bleiben, besteht darin, dass es schwieriger für sie wird, ihr Anderssein zu demonstrieren, da sie sich ja nicht desidentifizieren müssen – oder doch?
Oftmals ist es somit schwer für das kleine Mädchen, zwischen dem zu unterscheiden, was es will und dem, was die Mutter will. Die zweite Geburt, also die Desidentifikation von der Mutter, setzt für den Jungen viel früher ein als für das Mädchen. Während das etwa 14 Monate alte Kind noch „Apfel" oder „Banane" sagt, sagt das etwa 20 Monate alte Kind vor allem „will haben!" Der eigene Wille dominiert jetzt. Bereits in diesem Alter geht es um Selbstbehauptung, um eigenes Wollen, eigenes Begehren. Kinder beiderlei Geschlechts differenzieren sich zusehends von ihren Bezugspersonen, wollen als Subjekt anerkannt werden. Offensichtlich neigen jedoch Mütter dazu, sich stärker mit ihren kleinen Töchtern zu identifizieren, während sie bei ihren Söhnen die Unabhängigkeit fördern.
Was bedeutet vor diesem Hintergrund die Aussage: „Bloß nicht wie meine Mutter!"
Was fehlt einer Tochter bei ihrer Mutter, dass sie eine solche Aussage macht bzw. wieso hat sie Angst, sie könne so werden wie ihre Mutter?
Wiederum machen viele Mütter ihren Töchtern vice versa den Vorwurf: „Du bist wie dein Vater!"
Welches Modell von Weiblichkeit wird hier vertreten, wo Anderssein mit männlicher Identifizierung gleichgesetzt wird? Meinen diese Mütter damit, dass ihre Töchter nicht ihren eigenen Vorstellungen von Frausein entsprechen, die in diesem Fall um die drei „Ks", im Sinne von Kinder, Küche, Kirche kreisen? Welche Rolle im familiären Beziehungsdreieck spielt der Vater in diesem Ablösungsprozess der heranwachsenden Tochter?

Auslöser für die Hinwendung der Tochter zum Vater war für die früheren Psychoanalytiker und Psychoanalytikerinnen ein Mangel der Mutter. Bei Freud war es noch die organische Minderausstattung der Frau, das Fehlen eines als äußerst wertvoll angesehenen Geschlechtsorgans, das die Tochter zum Vater treibt. Der Wunsch nach einem Kind galt als Kompensationsversuch dieses Defizits der Frau.

Von einem eigenen weiblichen Begehren und Lustempfinden, eigenen weiblichen Zielen und Zukunftsentwürfen war nicht die Rede. Jedenfalls galten die Frauen als „unvollständig“, brauchten zu ihrer Komplettierung den Mann und das Kind.

Jahrzehnte später warf man den Frauen dann vor, wiederum basierend auf dieser Mangeltheorie, sie würden ihre Kinder festhalten, nicht in die Individuation entlassen, da sie ja dann sozusagen ihrer Existenzberechtigung beraubt seien. Ein Vorwurf, der zweifelsohne zutrifft, sofern von einem so einseitigen Weiblichkeitsentwurf ausgegangen wird wie dem der Nur-Mutter und Nur-Ehefrau.

Ausgehend von dieser Mangeltheorie meinte man, dass die Mutter der Tochter kein positives Gefühl für ihre eigene Weiblichkeit verleihen könnte. Die Bestätigung des Weiblichen musste also stets vom Männlichen kommen. Die mangelnde Spiegelung des kleinen Mädchens durch den Vater wurde mit als Grund dafür angesehen, dass Mädchen und Frauen stets unzufrieden scheinen mit ihrem Äußeren, ja ihrem Frausein überhaupt. Das Fehlen des väterlichen Blickes im frühen Lebensalter[6] erklärte das Bedürfnis der Frau nach permanenter Spiegelung durch andere, um Minderwertigkeitsgefühle zu kompensieren. Die Mütter schienen und scheinen ungeeignet, ihren kleinen und großen Töchtern ein geeignetes Modell von potenter Weiblichkeit zu liefern, das den Weg in ein selbstbestimmtes, vom männlichen Blick unabhängiges Leben ermög-

[6] Olivier, Chr.: Jokastes Kinder, Die Psyche der Frau im Schatten der Mutter, Düsseldorf, 1987, S. 80ff

licht, wegen der Gleichheit des Geschlechts. Somit stünde der Vater für Befreiung, die Mutter für Abhängigkeit, was einer Aufspaltung der Eltern entspricht, ganz im Sinne eines alten Rollenverständnisses. Der Mythos vom idealen Vater, dem Befreier aus den Fängen der festhaltenden Mutter, scheint ebensowenig leicht auflösbar zu sein, wie der Mythos von der guten, alles verstehenden und jeden versorgenden Mutter. Ich schließe mich Jessica Benjamins Feststellung an, wenn sie schreibt, dass der Schaden, der der männlichen Psyche zugefügt wird, wenn Weiblichkeit als minderwertig dargestellt wird, dem vermeintlichen „Mangel" der Frau vergleichbar ist.[7]
Basierend auf dieser Mangeltheorie möchte ich auf einige mythologischen Motive bzw. Märchen zurückgreifen, in deren Mittelpunkt allesamt die mangelnde Spiegelung im Sinne von positiver Seinsbestätigung des heranwachsenden Mädchens durch die Mutter steht, und die Väter entweder abwesend sind oder ihre Töchter für die eigenen Interessen opfern.
Nehmen wir zuerst Arielle, die kleine Meerjungfrau, eine Figur, die den meisten bekannt sein dürfte.[8]
Arielles Element ist das Meer, also das mütterliche Urelement, dem sie entrinnen möchte, weil sie in Liebe zu einem männlichen Erdbewohner entbrennt. Ihr fehlt jedoch die entsprechende weibliche Ausstattung, da sie nur über einen Fischschwanz verfügt. Auch hier gibt es einen Mangel, es fehlt der weibliche Unterleib. Diese mangelhafte Ausstattung kann sie nur durch den Verlust ihrer Stimme kompensieren, die sie der Meerhexe Ursula überlässt. Jetzt verfügt sie über einen weiblichen Körper, hat jedoch ihre Stimme verloren, was ich mit einem bloßen Barbie-Puppen-Dasein als Frau gleichsetze. Die Meerhexe verkörpert das negativ-weibliche Prinzip, ähnlich der Stiefmutter in vielen Märchen. Sie ist die festhaltende Mutter-Imago, die

7 Benjamin, J.: Die Fesseln der Liebe, Psychoanalyse, Feminismus und das Problem der Macht, Frankfurt, 1990, S. 156

8 Disney, W.: Arielle die Meerjungfrau, München, 1991

die Tochter nicht in ein eigenständiges, selbstbestimmtes Leben entlässt. Der Vater von Arielle ist Alleinherrscher über viele schöne junge Meerjungfrauen, seine Gegenspielerin, die mit ihm um die Macht ringt, ist die Meerhexe.
Hier stellt sich schnell die Frage, wie es wohl um die Beziehung der Eltern Arielles bestellt sein mag! Die Meerhexe entspricht ganz der ohnmächtigen und zugleich allmächtigen Ehefrau, die dem Männlichen die Vormachtstellung neidet und ihre Macht im häuslichen Umfeld ausspielt, indem sie zum Beispiel Arielle ein eigenes Leben verunmöglicht. Der Verlust der Stimme im Austausch gegen einen weiblichen Körper stellt eine Kastration von Frausein insgesamt dar, denn Kraft unserer Stimme verleihen wir unserem Wollen Ausdruck. Kastration ist hier symbolisch zu verstehen, nämlich als Beschneidung unserer Möglichkeiten und Fähigkeiten.
Wir müssen uns fragen, ob die Aneignung von Weiblichkeit nur über den Verlust unserer Stimme in der Welt geht und ob Töchter, die sagen: „Bloß nicht wie meine Mutter!" nicht damit zum Ausdruck bringen wollen, dass sie nicht länger bereit sind, sich mit einem Modell einseitiger Weiblichkeit zu identifizieren, einer Weiblichkeit, wo Frauen nichts zu melden bzw. zu sagen haben.
Arielle fehlt es an der Möglichkeit der Identifizierung mit einer potenten mütterlich-weiblichen Position. Die Meerhexe entspricht dem gefährlich Mütterlichen, das dem Ehemann die Kind-Gespielin erhalten will, um selbst zu herrschen, da sie ansonsten die von der Tochter eingenommene Rolle beim Ehemann, nämlich die der echten Partnerin und Geliebten wieder selbst ausüben müsste.
Die Bindung der Tochter an den Vater in Ermangelung einer positiven Identifizierung mit der Mutter als Frau und ihre geheime Rivalität mit der Mutter zeigen sich in diesem Märchen, wobei Arielle den Schritt von der Tochter zur Frau erreicht, allerdings nur mit Hilfe des Männlichen, was einer psychoanalytischen Theoriebildung entspricht, dass der Vater als der Repräsent des männlichen Prinzips äußerst wichtig in

puncto Ablösung von der frühen Mutter ist. In den meisten psychoanalytischen Theoriekonzepten muss an einem bestimmten Punkt der Entwicklung die enge Mutter-Tochter-Beziehung durch den Dritten im Bunde, in der Regel der Vater, aufgelöst werden. Diesen Theorien zufolge sind es nach wie vor stets die Männer, die die Beziehung zur außerfamiliären Umwelt herstellen und nicht die Frauen. Natürlich müssen Mutter-Kind-Beziehungen relativiert werden, damit sie sich nicht verfestigen und damit ein Neubeginn auf einer höheren Entwicklungsstufe möglich ist, es stellt sich allerdings die Frage, inwieweit es Vätern möglich und notwendig erscheint, ihre so wichtige Funktion und Rolle als sogenannter Dritter auch anzunehmen, auszuüben und durchzustehen.
Die kleine Meerjungfrau wird durch den Verlust der Stimme ihres Subjekt-Charakters beraubt, das heißt ihrer Eigenständigkeit, ihres eigenen Willens, weshalb sie ein männliches Sprachrohr braucht, das ihre Interessen vertritt. Somit zeigt das Märchen auf der symbolischen Ebene die traditionelle Sicht des Geschlechterverhältnisses.
Arielle ist unabhängig von der bösen Meerhexe geworden, dafür ist sie jetzt ganz dem Prinzen ausgeliefert, da sie die Spielregeln des Lebens an Land nicht kennt.
Sie hat meines Erachtens eine Abhängigkeit gegen die andere eingetauscht. In diesem Märchen fehlt das mütterliche Prinzip, das den Weg in die Selbständigkeit hilfreich und handlungsstark unterstützt, das männliche Prinzip wird idealisiert. Die Mutter, symbolisiert in der Meerhexe, ist das festhaltende Prinzip, das vernichtet werden muss. Es findet keine Beziehungsumgestaltung statt.
Arielle konnte sich vom mütterlichen Urelement, symbolisiert durch das Meer, nicht altersgemäß lösen, da sie keine Eltern hatte, die eine eigene Paarbeziehung lebten, aus der sie ausgeschlossen war.
Hierzu Jessica Benjamin sinngemäß zitiert: Wenn das Kind akzeptiert, dass die Eltern zusammen und ohne es selbst fortgehen, sieht das Kind Vater und Mutter als sexuelle Wesen, mit

denen es sich identifizieren kann.[9] Es wird Arielles weitere Entwicklungsaufgabe an Land sein, ihre Subjekthaftigkeit zu entwickeln.

Einen anderen Weg geht das Mädchen in dem Märchen „Das Mädchen ohne Hände".[10] Ich fasse den Inhalt dieses Märchens kurz zusammen:

Ein armer Müller geht zum Holzhacken in den Wald, wo er einem Mann begegnet, der ihn reich machen will, wenn er ihm das verspricht, was hinter seiner Mühle steht. Der Müller denkt, das könne ja nur sein Apfelbaum sein und willigt somit in den Handel ein, ohne weiter nachzufragen. Als er nach Hause kommt, tritt ihm seine Frau entgegen, die sich über den plötzlichen Reichtum wundert. Er erklärt ihr die Zusammenhänge und die Frau meint erschrocken: „Das ist der Teufel gewesen! Den Apfelbaum hat er nicht gemeint, sondern unsere Tochter; die stand hinter der Mühle und kehrte den Hof."

Auch hier haben wir es mit einem klassischen Familienarrangement zu tun, der Mann geht arbeiten, die Frau betätigt sich im häuslichen Umfeld, fragt zwar nach, woher das Geld stammt, aber zu mehr aktivem Handeln reicht es nicht. Nach drei Jahren kommt der Teufel wie versprochen und fordert seinen Tribut. Das Mädchen, vom Vater inzwischen selbstverständlich informiert, wäscht sich rein und macht mit Kreide einen Kranz um sich. So kann der Teufel ihr nicht nahe kommen, das heißt, sie handelt selbständig. Der Teufel fordert den Müller auf, der Tochter das Wasser wegzunehmen und kommt am nächsten Tag wieder. Aber nun hat das Mädchen auf seine Hände geweint, die ganz rein waren, so dass der Teufel sich ihr wieder nicht nähern kann.

Der Teufel fordert den Müller wütend auf, seiner Tochter die Hände abzuhacken, was dieser zwar widerwillig, aber dennoch tut, da er ansonsten selbst dem Teufel anheimfallen würde.

[9] Benjamin, J.: a.a.O., S. 147

[10] Kinder- und Hausmärchen der Brüder Grimm, Bd. I, Marburg, 1984

Von der Mutter des Mädchens ist nicht mehr die Rede. Aber auch auf die Armstümpfe fallen die Tränen der Tochter, weshalb der Teufel sie wiederum nicht erreichen kann. Der Teufel kriegt das Mädchen nicht. Aber bei solchen Eltern mag das Mädchen nun auch nicht mehr bleiben, obwohl diese ihr anbieten, lebenslang für sie zu sorgen, sondern zieht in die Welt hinaus, individuiert sich also. In ihrer späteren Schwiegermutter findet sie dann auch das hilfreiche Mütterlich-weibliche, das ihren eigenen Weg unterstützt.

Am Schluss wachsen ihr wieder Hände, das heißt, sie ist autonom geworden, aber anders als Arielle, die sich stets des männlichen Beistandes bediente. Eine Frau ohne Stimme wie Arielle kann zwar die Geliebte eines Mannes und Mutter eines Kindes sein, aber einen eigenen Standpunkt vertreten kann sie ebensowenig, wie eine Frau ohne Hände aktiv eingreifen kann. Mädchen brauchen deshalb starke Mütter, keine sprachlosen und handlungsunfähigen.

Darstellungen von Muttergottheiten vor unserer Zeitrechnung stellen diese oftmals flankiert von Raubtieren, zum Beispiel Löwinnen, dar. So etwa die Gestalt der Muttergöttin von Catal Hüyük in Anatolien aus dem 7. Jahrtausend vor Christus.

Heutzutage verehren wir eher die madonnenhafte Mutterfigur, wobei die jungfräuliche Empfängnis noch die Inaktivität und Asexualität unterstreicht. So besagt der Mythos von der idealen Mutter auch, dass sie die Bedürfnisse ihrer Kinder wortlos versteht und gefälligst keine eigenen Bedürfnisse anzumelden hat. Das ist Selbstverleugnung!

„Bloß nicht wie meine Mutter!“ heißt dann übersetzt: Ich will ein Anrecht auf ein eigenes Leben, eine eigene Identität und eigene Entwicklung, einen weiblichen Körper, der nicht nur begehrt wird, sondern ich will über mein eigenes Begehren verfügen, Subjekt anstatt Objekt sein. Ich will keine Frau werden, die über die Erfolge oder Misserfolge des Mannes und der Kinder auf- oder abgewertet wird, sondern will selbst erfolgreich sein und damit unabhängig von männlichen Rollenzuweisungen.

Eines der häufigsten Symptome, die Mädchen ohne Hände oder ohne Stimme heute zeigen, ist die Vielfalt von Essstörungen. So wirft es auch ein deutliches Licht auf die Mutter-Tochter-Beziehung, welches Lieblingsmärchen Frauen zum Beispiel haben. Ist es „Aschenputtel" oder eher ein emanzipatorisches Märchen wie „Das Mädchen ohne Hände" oder „Rapunzel", die auch eigenständig auf Entdeckungsreise gehen muss, um sich selbst zu finden? Auch das Märchen von Frau Holle bietet sich an als Beispiel für eine geglückte Abnabelung vom Mütterlich-weiblichen, indem die Goldmarie nach einem regenerierenden Aufenthalt bei Frau Holle über ein eigenes autonomes Selbst verfügt, um in die Welt hinauszuziehen. Das Gold symbolisiert in diesem Falle die Aneignung eines autonomen Selbst. Frau Holle kann die Tochter in die Welt hinausziehen lassen, denn sie hat eine eigene Aufgabe, unabhängig von ihrem Mutter- oder Großmutterdasein, sie schüttelt die Kissen aus, damit es in der Welt unten schneit. Sie hat eine Funktion, unabhängig von ihrer Mutterrolle, weshalb sie auch die Tochter in die Unabhängigkeit entlassen kann, ohne sich, ihrer Aufgabe beraubt, alleingelassen zu fühlen. Eine Mutter, die neben ihrem Muttersein auch noch andere Aufgaben in der Welt und innerhalb der Familie ausübt, indem sie auch echte Gefährtin und Geliebte ihres Partners ist, muss nicht eifersüchtig auf die Chancen ihrer Tochter sein, muss sie sich doch von der eigenen Jugend endgültig verabschieden, dem Alterungsprozess mutig ins Auge schauen und ihre Rolle als Frau innerhalb ihrer Beziehung zum Partner und als Mutter zur heranwachsenden Tochter neu definieren. Dies ist die Chance, die Müttern durch die Abnabelung der Töchter erwächst.
Ist Frau Holle noch zu sehr Mutter-Frau, das männliche Element in ihrem Leben scheint ganz zu fehlen, indem sie stets für die anderen bzw. deren Wohlergehen sorgt, bedarf es eines Mutter-Frau-Typs, der neben seinen familiären Verpflichtungen eigene Interessen bekundet und durchsetzt. Das einseitige Wahrnehmen von Mutterfunktionen ist wohl die Kompensation eines eigenen erlebten Mangels. Frauen, die vorwiegend

„muttern", sind zu sehr identifiziert mit der Rolle der eigenen Mutter bzw. mit deren Status als Objekt. Opfert sich eine Frau total für die Familie auf, ist jede Unabhängigkeitsbestrebung der Tochter für sie problematisch, da sie ihre so dringend benötigte Funktion als Mittelpunkt der Familie einbüßen würde. Die Tochter wird dann als Erweiterung des mütterlichen Selbst erlebt und weniger in ihrer Andersartigkeit bestätigt.

„Bloß nicht wie meine Mutter" bedeutet dann wieder die Ablehnung eines weiblichen Modells, das nur durch und für die anderen lebt. Das kann dazu führen, dass Mädchen das Frausein überhaupt ablehnen, weil sie nur ein Modell zur Verfügung haben, das sie ablehnen in seiner Einseitigkeit. Das wiederum kann zu einer Ablehnung des weiblichen Körpers insgesamt führen, weshalb auch die meisten magersüchtigen jungen Mädchen und Frauen keine Kinder haben wollen, also das Frausein in einem sexuell-geschlechtlichen Sinne ablehnen. Bei den meisten Töchtern, die sagen, so wie meine Mutter will ich nie und nimmer werden, schleichen sich dann doch wieder meist dieselben Verhaltensmuster ein, weil sie sich innerlich nicht abgelöst haben, selbst wenn Tausende von Kilometern zwischen ihnen und ihrer Mutter liegen. In der Beziehung zu ihren Kindern findet dann eine unbewusste Wiederholung der eigenen früheren Beziehung zur Mutter statt, sozusagen eine Neuauflage der eigenen Problematik.

Mütter, die keine positive Beziehung zu ihrem Körper haben, können ihren heranwachsenden Töchtern auch kaum Hilfe sein bezüglich der Aneignung ihrer Körperlichkeit und Sexualität.

Nur wenn es kein positives Modell für eigenständige Weiblichkeit gibt, werden Männer zum unerreichbaren Ideal. Dass dieses Dilemma – in einem weiblichen Körper zu stecken, aber sich an männlichen Modellen orientieren zu müssen – zu vielfältigen Symptomen führen kann, zeigen nicht nur die zunehmenden Essstörungen bei Mädchen und jungen Frauen, sondern auch die Vielzahl von häufig überflüssigen Blinddarmoperationen, Eierstock- und Gebärmutterentfernungen. Demnach ist zu vermuten, dass diese Eingriffe häufig in Zusammenhang stehen mit spezifischen Ängsten und Wünschen, die mit dem Frauwerden während der Adoleszenz verknüpft sind. So können Bauchschmerzen auch als Ausdruck von Unsicherheiten verstanden werden, die mit der weiblichen Körperlichkeit verbunden sind.

Eine kleine ehemalige Patientin von mir, die wegen ständiger Bauchschmerzen in Behandlung war, demonstrierte die Ablehnung ihres weiblichen Körpers als damals 8-jährige sehr deutlich, indem sie in der ersten Stunde den weiblichen Genitalapparat an die Tafel malte und durchstrich. Auf diesem Hintergrund erscheint das Hervorbringen der eigenen Weiblichkeit nur möglich, wenn positive Modelle vorhanden sind. Vera King schreibt in ihrem Buch „Die Urszene der Psychoanalyse", dass durch das Einsetzen der Menstruation die inneren Organe akzeptiert werden müssen, wobei es davon abhängt, welches innere Bild das Mädchen von der Sexualität und Potenz der Mutter und von der sexuellen Beziehung der Eltern entwickelt hat, ob die Menstruation eher als Verletzung oder als Potenz erlebt wird. Nur diejenigen Frauen halten an männlichen Identifizierungen fest, die sich ihrer weiblichen Potenz nicht bewusst sind. Insofern verkörpert der Mann dann weiterhin Unabhängigkeit und Freiheit.[11]

Nur eine Mutter, die als Frau eine positive Einstellung dem eigenen Geschlecht und ihrer Körperlichkeit gegenüber hat, kann diese Gefühle auch an ihre Tochter weitergeben. Insofern ist der Mutter-Tochter-Beziehung große emotionale Bedeutung beizumessen, der gegenüber die des Vaters eher sekundär ist, wie ich meine. Die lustvolle Aneignung des eigenen Körpers, verbunden mit der Herausbildung des Körperselbst, ist nach neueren entwicklungspsychologischen Studien im 2. Lebensjahr auf dem Höhepunkt. Um den 15./16. Lebensmonat genießt das kleine Mädchen die Lust, sich selbst zu berühren

[1] vgl. King, V.: a.a.O.

besonders stark. Hat eine Mutter keine positive Einstellung zum eigenen Körper, wird sie diese ersten Erkundungen des kleinen Mädchens eher unterbinden. Auf diesem Hintergrund können wir auch nochmals auf das Märchen vom Mädchen ohne Hände zurückkommen. Vielleicht steht der Teufel dann symbolisch für die sexuelle Lust, die Hände für die Möglichkeit, sich selbst Befriedigung zu verschaffen und den eigenen Körper zu erkunden. Die Reinwaschrituale, die den Teufel fernhalten, entsprechen dann einer beginnenden Zwangsneurose, die im Abhacken der Hände gipfelt. Die masturbatorischen Aktivitäten der Tochter werden unterbunden, das Abhacken der Hände ist symbolisch zu verstehen.
Mit der Menstruation ist Ende und Abschied verbunden, das Frauwerden beginnt. Vera King sagt hierzu: „Das Mädchen geht jetzt schwanger mit seiner eigenen Weiblichkeit.“[12] Die Menstruation ist jedoch kaum etwas, das gesellschaftlich positiv bewertet und von den Mädchen mit Stolz betrachtet wird. Die körperliche Entwicklung der Tochter konfrontiert die Mutter auch mit der bevorstehenden Ablösung der Tochter von ihr als Kind und dem eigenen Älterwerden. Sie berührt das eigene Verhältnis zur Sexualität. Die Mutter muss sich erneut mit der eigenen Weiblichkeit auseinandersetzen. Daran, wie die Mutter auf dieses Ereignis bei der Tochter reagiert, kann man auch erkennen, in welcher Atmosphäre sie selbst herangewachsen ist. Ihre Reaktion wiederum hat Auswirkungen auf das sexuelle Identitätsbewusstsein der Tochter. Bereits Freud hat darauf hingewiesen, dass die Beziehung zum Vater und Männern überhaupt, auf der Beziehung zur Mutter basiert. Schwierigkeiten mit Männern sind somit häufig ein Indiz dafür, dass die Beziehung zur Mutter keine Umgestaltung erfahren hat, denn die Möglichkeit einer befriedigenden Beziehung zum Männlichen beruht ja gerade auf einer positiv verankerten weiblichen Identifizierung.

[12] King, V.: a.a.O., S. 353

Bei Arielle, der kleinen Meerjungfrau, rivalisiert die Meerhexe, also das negative Mütterliche, das die Tochter nicht in ein eigenständiges Leben entlassen kann, am Schluss mit der Tochter, indem sie sich selbst in ein verführerisches junges Mädchen verwandelt, das den Partner der Tochter für sich begehrt. Ähnlich ist es in dem Märchen Schneewittchen, wo die böse Stiefmutter, die der Meerhexe entspricht, mit der Tochter bzw. deren Jugendlichkeit rivalisiert.

Dabei mögen es Mädchen gar nicht, wenn sich ihre Mütter zu jugendlich geben, womöglich in denselben Boutiquen einkaufen. Verständnis für die heranwachsende Tochter besteht nicht darin, dass man mit ihr Diskotheken aufsucht oder ähnliches, sondern in Hilfestellung bezüglich der Aneignung einer positiv besetzten Weiblichkeit, indem die Mutter ein annehmbares Modell vorlebt. Mütter, die die besten Freundinnen ihrer Töchter sind bzw. sein wollen, akzeptieren die Generationenschranke zu wenig. Ebenso wie sich die Tochter von der Mutter abgrenzen muss, muss dies die Mutter von der Tochter tun, was zugleich die innere Abgrenzung der Tochter in der Mutter von ihrer eigenen Mutter bedeutet. Die innere Abgrenzung von der Mutter ist für die meisten Frauen ein das ganze Leben begleitender Prozess und nicht eine einmalige Angelegenheit.

In der Mutter-Tochter-Beziehung geht es sowohl um Verbundenheit und Trennung, Gemeinsamkeit und die Anerkennung von Unterschieden. Nach Jessica Benjamin[13] ist die Spannung zwischen Selbstbehauptung und Anerkennung, Autonomie und Abhängigkeit ein die Sozialisation generell prägendes Strukturprinzip. Diese Spannung können ihrer Meinung nach Mütter nur dann aufrechterhalten, wenn sie sich selbst als Frauen mit Bedürfnissen und Interessen auch außerhalb der Beziehung zum Kind sehen. So wie die Mutter die Tochter in ihrer Eigenständigkeit anerkennen muss, muss dies auch die Tochter ihrerseits tun, weshalb sich auch Mütter gegen die Ver-

[13] vgl. Benjamin, J.: a.a.O.

einnahmungstendenzen und Ansprüche ihrer Töchter massiv zur Wehr setzen müssen, um den eigenen inneren Raum zu verteidigen. Auch die Töchter müssen die Subjekthaftigkeit der mütterlichen Bezugspersonen anerkennen. Denn häufig machen sie ihre Mütter für eigene unangenehme Gefühle und Ereignisse verantwortlich. Mütterliche Fürsorge kann in diesem Fall nur bedeuten, den Töchtern dabei zu helfen, ihre Gefühle zuzulassen und auszuhalten, auch Schmerz nicht zu unterdrücken. Keinesfalls sollten sich Mütter für diese Gefühle ihrer Töchter selbst verantwortlich fühlen, um diese sozusagen dann stellvertretend übernehmen zu wollen. Auch hier ist Selbstverantwortlichkeit angesagt, damit die Töchter gestärkt aus inneren und äußeren Auseinandersetzungen hervorgehen können. Es geht hier nicht um Verschmelzung mit den Nöten und Sorgen eines anderen, sondern um Empathie.

Empathie bedeutet ein verständnisvolles Mitgehen mit den Erfahrungen des anderen, um dessen eigene psychische Kraft und soziale Kompetenz zu stärken, nicht darum, den Schmerz des anderen sozusagen stellvertretend übernehmen zu wollen. Negative Erfahrungen müssen selbst verarbeitet werden, hilfreiche Begleitung ist die einzige Möglichkeit, psychischen Schmerz etwas zu lindern bzw. erträglicher zu machen.

Gerade Frauen, denen man nachsagt, dass sie im Gegensatz zu Männern eher über Empathie und Beziehungsfähigkeit verfügen, können viel dazu beitragen, den Weg in ein friedvolles Miteinanderleben zu ebnen, aufgebaut auf der gegenseitigen Anerkennung des jeweiligen anderen.

Bei Auseinandersetzungen zwischen Müttern und Töchtern geht es meines Erachtens weniger um totale Abgrenzung von der Mutter, sondern eher um den Versuch des In-Beziehung-Seins trotz der zweifellos vorhandenen Unterschiede. Das Austragen von Konflikten setzt die Dialogfähigkeit voraus, was wiederum der Entwicklung beider, Mutter und Tochter, zugute kommt. Im Dialog wird der Stimme des jeweils anderen Gehör geschenkt, die eigene Stimme, weder die der Mutter noch die der Tochter darf zum Schweigen kommen. Gesunde adoleszen-

te Mädchen wehren sich gegen den Verlust ihrer Stimme, kämpfen gegen unechte und unehrliche Beziehungen, sind während dieser Entwicklungsphase außerordentlich sensibilisiert für die Echtheit und Unechtheit zwischenmenschlicher Beziehungen überhaupt. Es geht bei diesen Auseinandersetzungen um die Neudefinition der Beziehung zur Mutter, was wiederum die Mutter dazu zwingt, sich mit ihrem eigenen Tochter-Sein, ihrem Mutter-Sein und ihrem Frau-Sein auseinanderzusetzen. Man muss seinen Ärger bzw. Meinungsverschiedenheiten lautstark ausdrücken dürfen, die Mütter müssen sich der Auseinandersetzung stellen, ansonsten weichen die Töchter auf die Väter aus und verachten ihre Mütter insgeheim, wobei wir dann wieder bei der Aussage wären: „Bloß nicht wie meine Mutter!"
Nur wenn die Realität der Mutter äußerst unattraktiv ist, wendet sich die Tochter ab. Ansonsten finden Auseinandersetzungen statt, die den Abnabelungsprozess bei gleichzeitiger Identifizierung mit der Weiblichkeit der Mutter vorantreiben.
Negative Gefühle sind notwendiger Bestandteil der Mutter-Tochter-Beziehung. Eine nur harmonische Beziehung gibt es nicht. Ein gewisses Maß von Aggression ist notwendig, um ein Subjekt mit eigenem Begehren zu werden. Eine eigenständige Mutter kann ebensowenig das Spiegelbild der Tochter sein wie eine Tochter das der Mutter. Schneewittchen muss schöner sein als die Mutter, denn die Mutter hat mit dem Älterwerden einen anderen Entwicklungsauftrag, kann nicht an der Vorstellung ewiger Jugend und Attraktivität festhalten, was einem sehr einseitigen Weiblichkeitsideal entspräche.
Viele heranwachsende Mädchen erleben ihre Mütter innerhalb des familiären Gefüges als äußerst machtvoll, mächtiger als den Vater oftmals. Dies mag mit der Grund sein, warum sich junge Frauen mit ihren Vätern identifizieren, da sie der Kontrolle durch die Mutter entgehen möchten. Allmächtige Mütter halten fest, vereiteln jegliche Individuation. Der Weg in eine selbstbestimmte Weiblichkeit kann aber nicht über die männliche Identifizierung führen.

Was die Töchter also brauchen, sind aktive und selbstbestimmte Mütter, Frauen, die sich nicht länger über andere definieren. Die mangelnde Spiegelung der Mädchen und jungen Frauen führt zu einem Mangelbewusstsein und zu einem Defekt im Körper-Selbst, es ist ein emotionaler Mangel, der häufig durch die Überbetonung von Äußerlichkeiten zu kompensieren versucht wird.

Es geht sozusagen um einen Paradigmenwechsel, indem man weniger Getrenntheit betont, sondern eine eher neue Art von Beziehungsfähigkeit im Sinne eines Aufeinanderbezogenseins als getrennte voneinander abgegrenzte Individuen. Gesunde adoleszente Mädchen hinterfragen immer den Lebensentwurf ihrer Mütter, das müssen sie, um zu einem eigenen Lebensentwurf zu kommen und um nicht blindlings allgemeingesellschaftliche Metaphern von Frausein zu übernehmen. Es geht weniger um Beziehungsabbruch, als um Beziehungswachstum. Frauen, wie alle Menschen, sind auf Beziehung ausgerichtet. Die Aufgabe der Adoleszenz besteht demnach nicht nur in der Ablösung und Trennung von den Eltern, sondern vor allem in einer Veränderung der Beziehung zu den Eltern. Gerade Heranwachsende brauchen elterlichen Beistand, um ihr Schifflein gut durch das stürmische Meer der Adoleszenz zu schippern, weshalb es mehr um Beziehungsveränderung, denn Beziehungsabbruch geht. Beziehungsabbruch entsteht nur dort, wo Veränderung nicht möglich erscheint. Das gilt für alle Beziehungen, nicht nur für Mütter-Töchter-Beziehungen! Wir müssen also vorrangig an unserer Beziehungsfähigkeit arbeiten, anstatt zu versuchen, ein nur männliches Modell von Abgrenzung und Distanzierung übernehmen zu wollen.

Für Töchter ist es wichtig zu wissen, dass ihre Mütter als Frauen auch vorher gelebt haben, bevor sie Mütter wurden. Vielen Töchtern scheint dies gar nicht bewusst. Hier bedarf es der Desillusionierung der Töchter, die meinen, sie hätten einen Exklusivheitsanspruch auf Beziehung. Gerade in problematischen Mann-Frau-Beziehungen überwiegt das Gefühl, die Mutter lebe nur für und durch andere.

Weibliche Sexualität und eine positive Beziehung zum Frausein wird nicht alleine vom Vater bzw. den Männern geweckt, sondern auch von Müttern, die sich ihres Frauseins und ihrer Individualität bewusst sind. Mütter sind genausowenig nur bedürfnisbefriedigende Objekte wie Töchter. Nur jene Frauen, die sich in der Beziehung zur Mutter niemals selbst gefunden haben, neigen dazu, sich in komplizierten Beziehungen zu anderen Menschen zu verlieren. Die Beziehung Mutter-Tochter bildet demnach das Fundament aller Beziehungen.
Während in der Erziehung von Mädchen auf größere Unabhängigkeit und Selbständigkeit zu achten wäre, müsste in der Erziehung von Jungen neben Unabhängigkeit und Selbständigkeit auf mehr Beziehungsfähigkeit geachtet werden.
Aufgabe der Mutter ist es, der Tochter dabei zu helfen herauszufinden, wer und was sie ist und was sie mit ihrem Leben anfangen will. Eine Mutter sollte der Tochter also dazu verhelfen, die zu werden, als die sie ursprünglich in ihrem Inneren angelegt ist, also sich selbst zu werden, ihren Anlagen entsprechend unabhängig von gesellschaftlichen Klischees. Es bedarf der positiven Spiegelung der Tochter durch die Mutter, was einer positiven Seinsbestätigung entspricht, dann getraut sich die Heranwachsende auch, das, was sie als eigenen kostbaren inneren Besitz erlebt, in ihre Beziehungen einzubringen. Nur im Dialog entsteht das Gefühl, etwas Wertvolles im Inneren zu besitzen.
Hierzu zum Abschluss ein Märchen, das mir von einer ehemals magersüchtigen Patientin erzählt wurde, die mir mit diesem Märchen nahebringen konnte, was für eine heranwachsende Tochter überlebensnotwendig ist, wenn sie zu einer positiven Einstellung zur weiblichen Identität und eigener Entwicklung kommen will.
Die Patientin nannte das Märchen „Ein Blumenmärchen“. Ich erzähle das Blumenmärchen so, wie ich es in Erinnerung habe. Auf Nachfragen stellte sich dann heraus, dass die Patientin das Märchen in dem Buch „Die Farben der Wirklichkeit“ gelesen hatte.[14]

Eine Blume sagte zu einer anderen Blume, die nicht wachsen wollte, dass es doch sehr schade wäre, wenn sie verwelken würde, ohne jemals geblüht zu haben. Die bereits blühende Blume meinte, die zaghafte Blume solle doch etwas mutiger sein und Vertrauen fassen. Darauf antwortete die Blume, die nicht blühen wollte, dass sie zu hässlich zum Blühen sei, sie sähe ja schon als Knospe scheußlich genug aus, da könne es mit ihr als Blüte auch nicht weit her sein.
Kurz vor dem Verwelken, nachdem schon alle anderen Blumen im Garten blühten, gab die Knospe mit Unterstützung der neben ihr blühenden Blume ihrem Herzen einen Stoß, entfaltete die Blütenblätter, die aufgeregt im Wind zitterten, und konnte es gar nicht fassen, dass sie sich als wunderschöne rote Rose entpuppte.

[14] Allert-Wybranietz, K.: Jeder ist eine Blüte; in Körner, H.; Kübler, R. (Hrsg): Die Farben der Wirklichkeit, Fellbach, 1984

Hans Hopf

# Allein-Erziehen

Ich habe den Titel meines Beitrages bewusst mit einem Trennungsstrich versehen, um deutlich zu machen, dass es innerhalb dieses Themenkomplexes drei zentrale Problembereiche gibt. Alleinzuleben, überhaupt zu erziehen und dann noch mit allen Schwierigkeiten und Konflikten des Alleinerziehens.
Ich habe in den vergangenen Jahren als niedergelassener Psychotherapeut für Kinder und Jugendliche immer mit einem überdurchschnittlich hohen Anteil von allein erziehenden Müttern und ihren Kindern, zumeist Jungen, gearbeitet. Ich gehe davon aus, nicht, weil sie besonders häufig oder gar besonders schwer gestört waren, sondern weil ihre Mütter unter massiven Schuldgefühlen litten, über die Maßen motiviert waren und sehr früh Hilfe suchten.
Hinzukam, dass sie durchweg für ihre Söhne einen männlichen Therapeuten wünschten, weil die Söhne häufig unter einem beträchtlichen „Vaterhunger" litten und Zusammensein mit Männern suchten, wann und wo das nur möglich war. Aber auch, weil die Mütter für sich den gedanklichen Austausch mit einem Mann und seine Unterstützung herbeisehnten. Eine Mutter – alleinlebend und über die Jahre ausschließlich mit der Erziehung der Kinder befasst – hat es einmal ganz deutlich wie folgt ausgesprochen: „Ich möchte mit Ihnen wieder den Umgang mit dem anderen Geschlecht erproben."
Über die Probleme dieser Überidealisierung und andererseits die realen Möglichkeiten eines männlichen Therapeuten, möchte ich mich zum Schluss des Beitrages noch einmal auseinandersetzen.
Eines steht nach meinen Erfahrungen fest: Alleinerziehende Mütter waren immer besonders motiviert und engagiert, brachen nie eine Behandlung ab, vor diesem Hintergrund kam es auch durchweg zu guten Veränderungen.
Ein besonderes Motiv, mich intensiv mit dieser Materie zu befassen, war jedoch, dass mir in den vergangenen Jahren aufgefallen ist, dass Söhne alleinerziehender Mütter, die zu mir in Psychotherapie kamen, ein verblüffend ähnliches Bild von Auffälligkeiten und Störungen aufwiesen. Dies bestätigte sich

nochmals, als ich im stationären Bereich gleichermaßen mit einer überdurchschnittlichen Zahl von Kindern alleinerziehender Mütter konfrontiert wurde, die ebenfalls jenes Störungsbild zeigten, das offensichtlich von der speziellen Lebensgeschichte mitbestimmt war. Der Zusammenhang zwischen der Beziehung alleinerziehender Mütter zu ihren Söhnen und die Entwicklung von ihren typischen Problemen steht darum im Mittelpunkt dieses Beitrages. Kurz eingehen werde ich auch auf die Probleme der alleinerziehenden Mütter mit ihren Töchtern und einige Besonderheiten der alleinerziehenden Väter. Ich werde also nicht generell über Probleme Alleinerziehender berichten, sondern vornehmlich über deren Konflikte bei der Erziehung ihrer Kinder und über die Gefahren und Chancen, also über die Problematik des Alleinerziehens.

Alleinerziehen. Damit ist jene Situation gekennzeichnet, in der ein Elternteil – nicht verheiratet, getrennt lebend, geschieden oder verwitwet – ein oder mehrere Kinder verantwortlich versorgt und überwiegend auch erzieht. Darunter fallen in der Statistik allerdings auch jene unverheirateten Eltern, die mit einem Partner eine Familie bilden.

1979 lebten in der damaligen BRD 823.000 „Ein-Eltern-Familien" mit einem Kind oder mehreren, das waren 10% aller Familien mit Kindern. 128.000 davon, also etwa 15,6 % waren 1979 Väter.[1]

1997 gab es – inzwischen war die BRD mit der ehemaligen DDR vereinigt – bereits 2,797 Millionen alleinerziehende Eltern, dies waren mehr als doppelt soviel, nämlich 21,4%. 18,2% hiervon waren Männer.[2]

Die starke Zunahme resultiert zum einen aus der stetig anwachsenden Zahl von Ehescheidungen. Zum andern leben immer mehr Eltern ohne Trauschein zusammen, und die zählen bekanntlich ebenfalls – zumindest statistisch gesehen –

[1] vgl. Behr, S. und Häsing H.: „Ich erziehe allein", Reinbek, 1980

[2] vgl. Der Fischer Weltalmanach 99, Frankfurt/M. 1998

als alleinerziehend. Hieraus resultiert auch der hohe Prozentsatz von alleinerziehenden Vätern, was so sicherlich nicht der Realität entspricht, denn wahrscheinlich leben immer noch die meisten Väter mit der Mutter des Kindes zusammen.
Eine Wende am Wickeltisch hat also nicht stattgefunden.[3] Im folgenden werde ich darum zumeist von alleinerziehenden Müttern sprechen, auf die unterschiedlichen Bedingungen von alleinerziehenden Müttern und Vätern jedoch zumindest kurz eingehen.
Alleinerziehende Mütter werden in der Regel noch mehr gefordert als andere Mütter, weil sie mit vielerlei zusätzlichen Konflikten fertig werden müssen. Da sind zum einen fast unüberwindliche materielle und organisatorische Schwierigkeiten. Vor allem geschiedene Mütter und nicht verheiratete Mütter müssen mit einem geringeren durchschnittlichen Nettoeinkommen auskommen, zumal es oft Probleme mit den Unterhaltszahlungen gibt. Einen gut bezahlten Arbeitsplatz zu finden und trotz unumgänglicher Arbeitszeiten auch die Erziehungsaufgaben gut zu erfüllen – dies ist zumeist ein nicht lösbarer und ständig schwelender Konflikt, der mit anhaltenden Schuldgefühlen einhergeht.
Nach einer Untersuchung von Matzner[4] haben es dabei die Väter etwas leichter. Sie mussten sich in der Regel keinen Arbeitsplatz suchen, weil sie schon vor der Trennung berufstätig waren. Und da sie zumeist Kinder im schulpflichtigen Alter versorgen, lässt sich das zumindest etwas leichter managen. Hinzu kommt, dass alleinerziehende Väter häufiger einen höheren Schulabschluss haben, besser verdienen und sich darum die Zeit anderer leichter kaufen können. Die Grundprobleme sind jedoch bei den Vätern die gleichen wie bei den Müttern: „Und die heißen Sorge, ihre Erziehungsaufgaben nicht

[3] vgl. Bauschmid, E.: Vater sein ..., Klischee und Wirklichkeit - Eine Studie über Alleinerzieher. Süddeutsche Zeitung, 1999

[4] Bauschmid, E.: a.a.0

gut erfüllen zu können, das Gefühl der Vereinsamung – und: Geld beziehungsweise Zeit."[5]

Und dann sind da noch die diskriminierenden Vorurteile der Öffentlichkeit, welche die sowieso vorhandenen Schuldgefühle verstärken und ständig am Selbstwert der alleinerziehenden Eltern nagen.

Im folgenden möchte ich auf einige spezielle psychische Probleme und Gefährdungen eingehen, die sich aus der besonderen Beziehung alleinerziehender Mütter zu ihren Kindern ergeben, und die ich zunächst kurz andeuten möchte. Alleinerziehen, das bedeutet für Mutter oder Vater eine beständige psychische Überforderung, es kann nicht verwundern, dass sich daher ganz spezielle Problembereiche zeigen.

Die Mütter leiden nicht selten unter Einsamkeit und unter den in der Regel unverarbeiteten Konflikten der gescheiterten Beziehung. Sie leben – ohne erwachsenen männlichen Partner – allein mit ihren Kindern. Sie allein werden darum auch für alle Fehlentwicklungen verantwortlich gemacht.

Sie werden von Schuldgefühlen gequält, den Kindern nie völlig gerecht zu werden, was nicht selten kompensatorisch Verwöhnung nach sich ziehen kann.

Ohne eine ausgleichende und befriedigende Beziehung zu einem Partner oder eine zufriedenstellende Berufstätigkeit kann das Problem von Nähe und Distanz zu den Kindern besonders problematisch werden.

Und schließlich: Was bedeutet es für ein Kind, ohne Vater aufzuwachsen?

Ehe ich jedoch vertieft auf diese Probleme eingehen werde, möchte ich eine Fallgeschichte erzählen, wie ich sie für prototypisch halte. Michael und seine Mutter waren während mehrerer Jahre bei mir in ambulanter Psychotherapie, bis heute bestehen gelegentliche Kontakte. Doch zuvor eine Klarstellung: Es könnte im folgenden der Eindruck entstehen, es würde

[5] Bauschmid, E.: a.a.O.

implizit davon ausgegangen, dass Mütter an der Fehlentwicklung ihrer Kinder die „Alleinschuld" tragen. Es ist in jedem Fall eine Tatsache, dass Mütter, welche ihre Kinder allein versorgen, eine intensivere Bedeutung für die Entwicklung ihrer Kinder bekommen, als wenn ein Vater ständig präsent ist.

**Falldarstellung:**

Frau L. hatte etwa ein halbes Jahr mit ihrem Freund zusammengelebt, als sie mit 20 Jahren schwanger wurde. Ihr Partner war damals 22 Jahre alt, beide arbeiteten in einer Fabrik, die elektronische Kleinteile herstellte, wo sie sich auch kennengelernt hatten. Sie lebten im Dachstock des Hauses der Mutter, die geschieden war und ebenfalls einen Freund hatte, der jedoch in einer eigenen Wohnung lebte. Im gleichen Haus wohnte noch die Großmutter mütterlicherseits.

Als Michael geboren war, kam es zwischen den jungen Eltern gehäuft zu Auseinandersetzungen, oftmals aus nichtigen Gründen. Sie konnten es sich eigentlich nicht so recht erklären, was sie so dünnhäutig und reizbar hatte werden lassen. Die Zankereien und Auseinandersetzungen häuften sich jedoch zunehmend, und als der Junge etwa 6 Monate alt war, zog der Freund nach einem heftigen Streit aus.

Frau L. ging wieder arbeiten, und Michael wurde im Wechsel von seiner Mutter und der Großmutter versorgt.

Vom 2. Lebensjahr an kam Michael gelegentlich in eine Tagespflege, weil Mutter und Großmutter zur Arbeit gingen, und die Urgroßmutter der Versorgung des Kindes auch zeitenweise nicht mehr gewachsen war.

Michael wurde geradewegs zum kleinen Prinzen für die drei Frauen. Jeden Wunsch lasen sie ihm von den Augen ab, sie liebten und vergötterten ihn. Alle 14 Tage holte ihn der Vater zu sich und verbrachte dann mit dem Jungen ein ganzes Wochenende. In dieser Zeit versuchte er wettzumachen, was er die Woche über versäumt hatte. Und weil er an den Wochenenden nichts fordern musste, konnte er Michael gleichermaßen ausschließlich Gutes tun. Als der Junge 4 Jahre alt war, lernte der Vater eine andere Frau, ebenfalls mit einem Kind, kennen; er zog zu ihr und nahm Michael zu sich. Die Mutter war damit einverstanden, weil es zur zeitweiligen Entspannung ihrer Situation führte. Allerdings scheiterte diese Beziehung nach einem Jahr ebenfalls, der Vater zog aus und Michael kehrte wieder zur Mutter, Großmutter und Urgroßmutter zurück.

Mittlerweile besuchte Michael den Kindergarten, und es entwickelten sich die ersten Probleme. Es gelang dem Jungen nicht, sich in die Gruppe einzulassen, er drängte auf ständige Beachtung, zerstörte die Spielsachen und attackierte andere Kinder, zumeist völlig unvermittelt. Hinzukam, dass Michael nicht nur dauernd im Mittelpunkt stehen wollte, sondern auch innerhalb der Gruppe immer der Größte sein wollte. Sollte er sich einmal unterordnen, reagierte er mit gellenden Schreien und Wutanfällen.

Tatsächlich war Michael mittlerweile auch zu Hause recht schwierig geworden und inzwischen kaum mehr zu begrenzen. Er schien unersättlich und versuchte ständig seinen Willen durchzusetzen, ja er kontrollierte die Mütter und die Situation total. Dies tat er häufig mit wüstem Schreien, aber auch, indem er nach der Mutter schlug oder sie schon einmal gegen das Schienbein trat.

Mittlerweile hatte die Mutter, aber auch die Großmutter und Urgroßmutter regelrecht Angst vor dem Jungen, so dass sie ihm ständig nachgaben und alles gewährten, inzwischen aus Gewohnheit, aber auch aus Angst, ihn ansonsten nicht begrenzen zu können.

War der Junge bei seinem Vater, so gab es dort sowieso keine Anforderungen an ihn, sie unternahmen gemeinsam vieles, und der Vater kaufte ihm, was er wollte und freute sich an seinem Sohn.

Die Schwierigkeiten eskalierten, als Michael eingeschult wurde. Er konnte sich auf nichts konzentrieren, wirkte unruhig, getrieben, und war vor allem nicht bereit, gestellte Anforderungen

zu erledigen. Auch jetzt wollte er dauernd beachtet werden, schrie unaufhörlich dazwischen und störte den Unterricht außerordentlich.
Die Situation veränderte sich schlagartig, wenn es Abend und dunkel wurde. Dann hatte Michael Angst, allein zu schlafen, ein Licht musste brennen, die Tür musste offen stehen, so dass er die Geräusche der Mutter hörte. Er klagte darüber, dass er nachts schlimme Träume hätte, in welchen ihn gefährliche Männer oder wilde Tiere anzugreifen suchten. Selbstredend lud die Schule die Mutter ein, machte ihr klar, dass es so nicht weitergehen könnte, und dass sie sich Hilfe suchen müsste.
Frau L. wandte sich an den Vater Michaels, der ihr jedoch abriet fachliche Unterstützung zu suchen und meinte, der Junge sei in einer schwierigen Phase, habe jedoch so viel Liebe und Zuwendung bekommen, dass es sicherlich bald anders werden würde.
Es wurde in der Tat anders, jedoch in anderer Weise, als es sich die Eltern vorgestellt hatten: Michael wurde noch hibbeliger, störte immer mehr, wurde vor allem zunehmend aggressiver und schlug die Mitschüler häufig hinterrücks und heimtückisch. Hinzu kam, dass er ständig unglaubwürdige Geschichten erzählte, in welchen er der Größte war, die allerdings niemand mehr von den Kindern glaubte.
Andererseits häufte sich, dass Michael zu Hause meinte, dass er das größte Arschloch sei, das niemand auf der Welt lieben würde. Dabei wirkte er oft bedrückt, ängstlich und inzwischen begann sich die Mutter ernsthaft um ihn zu sorgen. Wiederum wurde sie von der Schule vorgeladen, die Lehrerin beklagte sich, dass er die schlimmsten sexuellen Ausdrücke gebrauchen würde, die Mädchen anfassen würde und sie selbst schon mit zotigen Ausdrücken belegt hätte. Die Mutter war hell entsetzt, sie konnte sich nicht vorstellen, woher Michael diese Ausdrücke hatte und warum er so eigenartig reagierte.
Sie wandte sich an eine psychologische Beratungsstelle, die den Jungen diagnostisch untersuchte und dringlich eine ambulante Psychotherapie empfahl.

Michael war inzwischen 8 Jahre alt.
Was war geschehen? Michael hatte doch wohl in der Tat ein Übermaß an Liebe bekommen und andererseits auch immer eine enge Beziehung zum Vater gehabt. Weshalb kam es zu solchen extremen Auffälligkeiten und schweren sozialen Problemen? Tatsächlich hatte Michael vielerlei Beziehungen gehabt, auf Grund der Anwesenheit von Mutter, Großmutter und Urgroßmutter und gelegentlich dem Vater, jedoch nicht unbedingt eine einheitliche klare Beziehung und Bindung zur Mutter. Andererseits wurde der Junge extrem verwöhnt, ehe er sich um etwas bemühen musste, wurde es ihm – genauso vom Vater, der ja auch an Schuldgefühlen litt – schon gegeben, so dass er sich um nichts bemühen, um gar nichts kämpfen musste. Weil der Vater eher mütterlich verwöhnend und wenig strukturierend war, war auch die Annäherung zu ihm nicht soweit gelungen, dass er hätte identitätsstärkend wirken können. So war er nicht als grundlegend anderer, als dritter zu spüren gewesen. Der Junge verblieb im Einflussbereich der Mutter, deren Verwöhnung dazu führte, dass es Michael nicht gelang, seine Aggression zur Loslösung und Selbstbehauptung einzusetzen.
Es handelt sich hier, dies sei nochmals ausdrücklich betont, um das Einzelschicksal einer alleinerziehenden Mutter, und ich möchte die für diese Geschichte typischen psychischen Hintergründe ein wenig herausarbeiten.
Ich habe bereits erwähnt, dass Michael keine stabile Bindung zur Mutter entwickelt hatte: Sie selbst war in der Rolle der Tochter verblieben, hatte den Jungen zwar sehr verwöhnt und umsorgt, konnte so jedoch nicht ausreichend zur Stabilisierung der Beziehung und zur Autonomieentwicklung ihres Kindes beitragen. Dies wurde sehr deutlich über die Tatsache, dass der Junge an Trennungsängsten litt, bedrohliche Angstträume hatte und letztendlich nicht fähig war, allein zu sein. Darum musste er die Situation auch immer beherrschen und kontrollieren, weil er unbewusst fürchtete, ansonsten das Mutterobjekt zu verlieren. Darum war er aber auch hilflos in Situationen, in

welchen er allein ohne die Mutter war, weil er ja auf ihre reale Anwesenheit angewiesen war. Dann wurde er unruhig, getrieben, weil er sich vor – vermeintlich – bedrohlichen Angriffen und Angreifern schützen und wehren musste. Und darum konnte er auch keine Regeln und Grenzen akzeptieren. Kindergarten und Schule hatten also letztendlich eine Selbständigkeit von Michael gefordert, die er noch nicht erworben hatte. Gleichzeitig war das Selbstwertgefühl des Jungen, der ja noch kaum ein eigenes Selbst besaß, gering. Dies äußerte sich in seinen Beschimpfungen und Selbstanklagen, wenn er sich für ein „Arschloch" hielt, aber auch dann, wenn er das Gefühl von Schwäche mit Phantasieerzählungen und Prahlereien auszugleichen versuchte, in welchen er der absolut Größte war.

Die übergroße Nähe zur Mutter, ihre Verwöhnung und ihre Neigung, den Jungen von früh an zu ihrem Partner zu machen, hatten jedoch noch etwas anderes bewirkt. Weil Michael sich nicht von ihr lösen konnte und darum in ihrem Einflussbereich verblieb, wurde er von ihr auch stimuliert und sexualisiert. Sein distanzloser Umgang mit Frauen, seine sexualisierte Sprache bei gleichzeitiger Entwertung und Verächtlichmachung von Frauen waren das Ergebnis hiervon.

Gleichzeitig wurde er davon aber auch geängstigt, und er suchte verzweifelt, aus der bedrohlichen Sphäre der Mutter zu entkommen. Seine Aggressivität ihr gegenüber waren ein Versuch, sie zu kontrollieren, aber auch, ein eigenes Selbst zu entwickeln und „selb-ständig" zu werden. Es kam gleichzeitig zur unruhigen Getriebenheit und chronischen Aggressivierung seines Verhaltens.

1998 erschien eine empirische Untersuchung zum Thema Gewalt in der Schule, zur Persönlichkeit von Opfern und Tätern.[6] Die Autoren untersuchten, in welcher Art und in wel-

[6] Jäger, Th.; Jäger, R.S.: Sind Opfer nur Opfer? Sind Täter nur Täter? Eine empirische Gegenüberstellung von Opfern, Tätern und Opfer/Tätern. 41. Kongress der DGP Dresden, 27.9.1998

chem Ausmaß sich Schülergruppen an Haupt- und Realschulen in ihrer Beteiligung an gewalttätigen Auseinandersetzungen unterscheiden lassen, wie die Eigenschaften von Opfern und von Tätern aussehen, und wie von jenen, die gelegentlich Täter sind und ein anderes Mal Opfer werden.
In dieser Untersuchung stellte sich heraus, dass sich die Täter von anderen Gruppierungen dadurch unterschieden, dass sie signifikant häufiger von einer alleinerziehenden Mutter betreut wurden als andere Schüler. Dies war übrigens das einzige herausragende Unterscheidungsmerkmal.
In seinem lesenswerten Buch „Eisenhans" beschreibt Robert Bly die hasserfüllten Mitglieder von Straßengangs. Er geht davon aus, dass die Mitglieder dieser Gangs verzweifelt versuchen würden, Mut, Loyalität und Disziplin voneinander zu lernen, weil sie keine Kontakte zu ihren Vätern aber auch sonst zu keinerlei älteren Männern haben.
Evelyn Heinemann hat in Jamaica die gleiche Feststellung gemacht: Jamaica ist eine Kultur mit extremen Formen männlicher Gewaltkriminalität. Die Killer, welche die dortige Bevölkerung in Angst und Schrecken versetzen, sind meist Jugendliche und Männer aus den Frauenhaushalten der Slums, die in den Männergruppen der Gunmen Anerkennung und männliche Identifikation suchen. Zitat: „Ohne Vater aufgewachsen, wie es dort die übliche Sozialisationsbedingung ist, entwickeln sie illusionäre Phantasien männlicher Größe und Potenz."[7]
Ähnliche Entwicklungen können wir auch bei uns bei Rockern und ähnlichen Gruppierungen beobachten.
Wie sind diese Ergebnisse zu erklären?
Zum einen gilt ganz allgemein: Jungen haben häufiger Probleme mit der Beherrschung von aggressiven Affekten, und ihre psychosexuelle Entwicklung ist sehr störanfällig: Die sexuelle Identität ist zudem instabil, es existieren vielfache Formen per-

[7] Heinemann, E.; Rauchfleisch, U.; Grüttner, T.: Gewalttätige Kinder, Frankfurt/M., 1992, S. 88

versen Verhaltens und Fixierungen an Partialtriebe, und die Libido ist im geringeren Maß objektbezogen. Jungen neigen zu sozial störenden, ausagierenden Verhaltensweisen mit vermehrten Aggressionen und Hyperaktivität und tragen so ihre Konflikte in die Außenwelt. Mädchen leiden stärker unter psychosomatischen und neurotischen Verarbeitungsformen von Konflikten mit Neigung zu vermehrter Depression und Ängsten.[8]

Wächst ein Sohn mit Mutter und Vater auf, so wird er unausweichlich durch die Mutter gekränkt werden, weil sie sich einem anderen Mann, dem Vater zuwendet, und die Mutter-Sohn-Beziehung aufkündigt, welche der Sohn für exklusiv gehalten hat. Die Aggression des Sohnes über diesen Verrat wird auf der manifesten Ebene als Kampf mit dem Vater ausgetragen, der aus seiner Sicht diesen Verrat als störender Dritter angezettelt hat. Dieser Kampf führt ihn allerdings auch in eine männliche Welt, in der sich der Junge mit den starken Seiten des Vaters identifiziert, aber auch dessen reale Schwächen kennenlernt und somit auch entidealisiert. Aber was geschieht mit jenen Jungen, die vaterlos aufwachsen?

Die Anwesenheit des Vaters als eines Dritten regt Trennung und Loslösung von der Mutter an. Mit der Beziehung des Vaters zur Mutter identifiziert sich der Junge – wie zuvor erwähnt – in Richtung einer männlichen Kern- und Geschlechtsidentität. Inzwischen ist man innerhalb der Psychoanalyse der Ansicht, dass die väterlichen triangulierenden Einflüsse viel früher wirken, als, wie bislang angenommen, erst in der sogenannten Wiederannäherungsphase im Alter von 1-2 Jahren.[9]

Um eine männliche Identität zu erlangen, muss sich der Junge viel abrupter und kompromissloser von der Mutter lösen als

[8] vgl: Hopf, H.: Aggression in der analytischen Therapie mit Kindern und Jugendlichen. Theoretische Annahmen und behandlungstechnische Konsequenzen, Göttingen, 1998

[9] Mertens, W.: Entwicklung der Psychosexualität und der Geschlechtsidentität, Bd. 1, Stuttgart, Berlin, Köln, 1992, S. 78

das Mädchen, besonders aber auch von allem, was er mit Weiblichkeit verknüpft, beispielsweise Schwäche, Einfühlsamkeit und Abhängigkeit.
Steht der Vater allerdings nicht zur Verfügung, wie häufig bei alleinerziehenden Müttern, kommt es zu besonders schweren narzisstischen Beeinträchtigungen und entsprechenden aggressiven Externalisierungen. Denn ein abwesender oder, wie zuvor, ein emotional schwacher Vater lässt seinen Sohn im gefährlichen Einflussbereich der Mutter, von der sich der Junge darum besonders radikal loszulösen versucht. Um nicht wieder zum regressiven Kleinkind und nicht von der Mutter verschlungen zu werden, ist darum oft eine hyperphallische Haltung das Ergebnis.
Was versteht man unter hyperphallisch? Es fällt auf, dass Söhne alleinerziehender Mütter einen ausgesprochenen Vaterhunger zeigen und beständig die Nähe zu Männern suchen. Um nicht von der Mutter „verschlungen" zu werden, entwickeln diese Jungen eine „hyperphallische Haltung".[10] Die Sprache ist extrem sexualisiert und aggressiv, das Verhalten wird zumeist als „machohaft" beschrieben. Die Größenphantasien sind kolossal, sie ersetzen offensichtlich die reale Beziehung zu einer männlichen Bezugsperson, kompensieren letztlich die zugrunde liegende Schwäche und Unsicherheit.
Bei aller individuellen Problematik können also bei Söhnen alleinerziehender Mütter sehr ähnliche Konflikte wiedergefunden werden, weil es zur Überstimulierung kam und an emotionaler Unterstützung und Triangulierung durch den Vater fehlte.
Der Junge muss gegen den drohenden Untergang seiner Männlichkeit kämpfen und wird darum in der Beziehung zur Mutter „herrisch" und ansprüchlich.
Die fehlende Möglichkeit, sich mit einem realen Mann zu identifizieren, führt zur Überidealisierung, und zum hyperphallischen, übersteigert aggressiven Verhalten, um eine ausreichen-

[10] Mertens, W.: a.a.O., S 150

de Distanz zur bedrohlichen Mutter aufzubauen.
Alleinerziehende Mütter suchen darum in ihrer Not meist einen männlichen Therapeuten für ihre Söhne, nicht selten mit der Hoffnung, dass er ganz real Vater und Ehemann ersetzen möge. Und dieser Sog ist beträchtlich. Ein solcher Wunsch einer Mutter ist verständlich und legitim, auch wenn ihn der Analytiker nicht einmal im Ansatz erfüllen kann, ja auf keinen Fall entsprechende Illusionen schüren darf. Er soll das Kind niemals väterlich lieben, denn seine eigenen Übertragungstendenzen würden die Weiterentwicklung des Kindes hemmen und die Übertragungsbeziehung empfindlich stören. Hier bedarf es intensiver Reflexion der Gegenübertragungsreaktionen. An den unabwendbar entstehenden Enttäuschungen muss darum intensiv gearbeitet werden.
Ein besonderes gesellschaftliches Problem lässt diesen Konflikt zusätzlich eskalieren. Mit der Erziehung und Therapie von Kindern sind in unseren Breiten überwiegend Frauen befasst. In den Kindergärten gibt es so gut wie ausschließlich Erzieherinnen, in den Grundschulen dominieren ebenfalls die Lehrerinnen. Die Mütter rufen an, wenn es Probleme mit den Kindern gibt, in der Regel bei einer Kinder- und Jugendlichen-Psychotherapeutin, denn auch bei den Kinder- und Jugendlichen-Psychotherapeuten sind 75% weiblichen Geschlechts.
Im folgenden möchte ich zusammenfassen, welche Gefährdungen es nach meinen Erfahrungen für Jungen geben kann, die mit einer alleinerziehenden Mutter zusammenleben. Die übergroße Nähe zur Mutter und der fehlende Vater können sich in verschiedenen störend wirkenden Bereichen niederschlagen:
Die häufige Vereinsamung der Mütter, ihre gesellschaftliche Isolierung, ein meist unzureichender Ausgleich über eine befriedigende berufliche Tätigkeit und fehlende berufliche Kontakte können dazu führen, dass das Kind, zumeist der Sohn, leichter in eine Partnerrolle gerät. Das Allerwichtigste ist darum, dass eine Frau, welche die Rolle der alleinerziehenden Mutter übernommen hat, immer an sich und ihre Bedürfnisse denken soll, und sich auf keinen Fall in altruistischer Weise der

ausschließlichen Versorgung ihrer Kindern widmen soll. Permanentes schlechtes Gewissen den Kindern gegenüber kann leicht durch eine verwöhnende Grundhaltung kompensiert werden. Verwöhnung erzeugt übermäßige Bindung, verhindert Loslösung und kann zweierlei bewirken: Die Söhne bleiben muttergebunden, werden zum klassischen Muttersöhnchen. Oder sie rebellieren gegen diese Rolle, wie im zuvor geschilderten Fall, werden überansprüchlich, herrisch, aggressiviert und sexualisiert.

Der fehlende Vater, aber auch die zumeist negativen Erlebnisse mit Männern und entsprechenden Einstellungen der Mütter, erschweren die Loslösung zusätzlich. Die Identifikation mit Männlichem wird für den Jungen erschwert, es kommt leicht zur vorher beschriebenen hyperphallischen Haltung.

Diese Gefahr wurde schon immer gesehen. Der abwesende Vater, der mangelnde Kontakt von Jungen zu älteren Männern, hat sich zu einem schweren gesellschaftlichen Konflikt hinentwickelt.

Ich möchte in diesem Zusammenhang aus Robert Bly's Buch „Eisenhans" zitieren: „Gegenwärtig verbreitet sich der Eindruck, dass der Ödipus-Mythos seine Deutungskraft für unsere Gesellschaft zusehends verliert. Die Beziehungen von Vätern und Söhnen in heutiger Zeit beschreibt er jedenfalls nicht. Junge Männer verspüren nicht nur keinen Wunsch, den Vater zu töten – viele haben ihn nicht einmal kennengelernt. Der Zorn auf den Vater weicht allmählich einer Sehnsucht nach dem Vater."[11]

1980 erschien im Rowohlt Verlag in der Reihe „Elternrat" das Buch von Sophie Behr und Helga Häsing „Ich erziehe allein". Darin berichteten die Autorinnen von einem Experiment, das „Big Brother = Großer Bruder" genannt worden war. Eine Gruppe suchte ältere Männer, die während ihrer Freizeit Beziehungspersonen für die Söhne alleinerziehender Mütter werden

[11] Bly, R.: Eisenhans. Ein Buch über Männer, München, S. 99

sollten. Das ganze blieb offensichtlich ein Experiment, das nach einem halben Jahr wieder eingestellt wurde. Von ähnlichen Projekten habe ich seither nichts mehr gehört.
Wie zuvor beschrieben, weichen Jungen der allzu großen Nähe zur Mutter entweder mit Distanzierungsversuchen aus und werden aggressiv und hyperphallisch. Oder sie unterwerfen sich, werden feminin, bleiben in der Abhängigkeit und entwickeln sich zum sogenannten „Muttersöhnchen".
Wie sind die Verhältnisse beim Mädchen?
Der Junge muss seine Identifikation mit der Mutter früh aufgeben und benötigt ein männliches Objekt, mit dem er sich identifizieren kann. Weil Mädchen das gleiche Geschlecht wie ihre Mütter besitzen, haben sie es zunächst leichter, denn sie können sich lebenslang mit den Müttern identifizieren: Der Vater kommt lediglich als zweites Objekt hinzu. Aber auch innerhalb der Entwicklung des Mädchens können sich die übergroße Nähe zur Mutter und ein fehlender Vater im ungünstigen Fall recht fatal auswirken.

**Falldarstellung:**

Frau T. war mit 24 Jahren von einem Jurastudenten schwanger geworden. Wenige Wochen noch der Geburt der kleinen Beate trennte sich dieser jedoch von Mutter und Kind, weil ihm die Verantwortung zu groß war. Frau T. zog wieder zu ihren Eltern, lebte ganz für ihre Beate und hatte nie mehr eine Beziehung zu einem Mann – sie war zutiefst verletzt und konnte dieses Trauma nicht bewältigen.
Hinzu kam jedoch noch, dass sich ihre eigenen Eltern schämten, dass die Tochter nichtehelich schwanger geworden war. Insbesondere der Vater von Frau T., also Beates Großvater, war überaus beleidigt, lehnte das kleine Mädchen gänzlich ab und ignorierte es regelrecht. Zwar versuchte die Großmutter auszugleichen, wo es nur ging, aber der Großvater blieb starr und stur und ließ sich bis zu seinem Tod nicht umstimmen, das

Mädchen zu akzeptieren. Es blieb Luft für ihn. Als er starb, war Beate 15 Jahre alt.
Beate wuchs mit der Mutter wie mit einer großen Schwester auf. Zwischen den beiden gab es nur Harmonie und gegenseitiges Verstehen. Alles unternahmen sie gemeinsam, alle Interessen teilten sie. Sie waren nahezu siamesische Zwillinge. Sie turnten miteinander im Sportverein, wanderten, kegelten mit Freunden, usw. usw. Beate entwickelte sich zu einem ausgesprochen attraktiven Mädchen, zeigte jedoch auch nach der Pubertät nicht das geringste Interesse an Jungen. Das Zusammensein mit der Mutter genügte ihr offenbar vollkommen. So kam es auch kaum zu Mädchenfreundschaften, weil ja ihre Zeit zusammen mit der Mutter gänzlich verplant war.
Dabei fiel zunehmend auf, dass Beate immer burschikoser wurde: Sie trug einen Kurzhaarschnitt, hatte meistens Hosen an und zeigte vor allem Interesse an Sportarten, die ansonsten junge Männer betrieben. Ihr größter Wunsch war es immer, sich ein Motorrad zu kaufen.
Dann lernte sie mit 19 Jahren einen jungen Mann kennen. Sie verliebte sich in ihn, und die beiden verbrachten von nun an alle Zeit miteinander. Beate spürte die Enttäuschung der Mutter, aber die Zuneigung zu ihrem Freund war groß. Trotzdem hatte sie ein chronisch schlechtes Gewissen, weil die Mutter immer häufiger allein zu Hause blieb. Diese betonte jedoch, dass es nicht um sie ginge, sondern dass ihr das Glück der Tochter am Wichtigsten sei.
Mit der Zeit äußerte sie aber auch Kritik. Ob dieser junge Mann wohl das Rechte sei? Schließlich komme er doch aus ganz kleinen Verhältnissen. Ob er die Tochter und eine künftige Familie einmal ernähren könne? Und ob er auch immer gut zu ihr wäre, dann, wenn die erste Verliebtheit vorbei wäre?
Beate geriet in einen tiefen Zwiespalt. Sie liebte den jungen Mann, sie sah aber auch, wie die Mutter litt. Und zunehmend fühlte sie sich von dem jungen Mann bedrängt, der eine klare Entscheidung wünschte, die Mutter oder er. Beate begann, ihm auszuweichen. Immer mehr fühlte sie sich von ihm unter

Druck gesetzt, bekam zunehmend Angst vor einer möglichen festen Bindung. Eines Tages teilte sie dem jungen Mann mit, dass sie die feste Beziehung zu ihm nicht mehr wünschte, sie fühlte sich noch zu jung dafür. Und sie trennte sich von dem fassungslosen jungen Mann, der die knallharte Entscheidung nicht verstand.

Beate hatte seither keinerlei Männerfreundschaften mehr. Sie lebte von jetzt an nur noch mit der Mutter, und als diese starb, blieb sie allein. Sie fühlte sich stärker zu Frauen als zu Männern hingezogen, spürte jedoch auch dort keine sexuelle Faszination. Sie war bei allen Mitmenschen beliebt, denn sie war über die Maßen hilfsbereit und regelrecht altruistisch. Nach außen hin wirkte sie eher unscheinbar und mausgrau, versteckte sich, zeigte nur wenig Selbstwertgefühl, schien sich aber mit dem Alleinleben abzufinden. Doch dem war nicht so: Wegen immer häufigerer depressiver Verstimmungen suchte sie schließlich einen Psychotherapeuten auf.

Ich denke, dass die kleine Geschichte von Beate nicht viel Erklärung braucht. Nancy Chodorow[12] hat betont, dass Mütter bei ihren Töchtern stärker ein Gefühl von Einheit erleben als bei ihren Söhnen. Die Tochter bedeutet eine Erweiterung, gar eine Verdoppelung der Mutter. Das Mädchen ist der Mutter sehr bekannt, es wird von ihr geliebt, jedoch nicht – wie der Junge – wegen seiner Andersartigkeit auch sexuell begehrt. Was uns bekannt und vertraut ist, das ist irgendwann nichts besonders Begehrenswertes mehr.

Beate wurde von ihrer Mutter ohne Zweifel innig geliebt, aber nicht in erster Linie um ihrer selbst willen. Sie wurde zum verlängerten Selbst ihrer Mutter, entwickelte wenig Autonomie und konnte sich darum auch nicht von ihr lösen. Männer waren für die Mutter schlechte Menschen, das wurde zwar nie direkt ausgesprochen, aber mit dieser dumpfen Ahnung war Beate aufgewachsen.

[12] vgl. Chodorow, N.: Das Erbe der Mütter. Psychoanalyse und Soziologie der Geschlechter, München, 1985

Der sie ablehnende Großvater hatte sicherlich alles dazu beigetragen, dieses Grundgefühl zu verstärken.
Beate hatte es an etwas ganz Entscheidendem gefehlt, nämlich an dem bewundernden und liebenden Blick des Mannes. Nie hatte sie väterlichen Stolz gespürt über seine hübsche kleine Tochter, niemals hatte sie mit dem Vater kokettieren und ihn einwickeln und verführen können. Und sie hatte nicht jenes starke Selbstwertgefühl entwickelt, das „Vatertöchter" oft haben, dieses grundständige Gefühl, etwas bewirken zu können, sich mit absoluter Gewissheit durchsetzen zu können und auch die schwierigsten Situationen zu bewältigen.
Insofern ist die Geschichte von Beate außergewöhnlich, denn es kam bei dem Mädchen alles zusammen, was überhaupt störend wirken kann: Die Mutter hatte ein negatives Männerbild, das sie der Tochter vermittelte. Der Großvater lehnte das Mädchen ab, und es gab zu keiner Zeit jenen liebenden Vaterblick, der so stark machen kann; es gab nicht diesen wunderbaren Augenblick, bei welchem das Mädchen unvermutet fühlt, dass es heiß geliebt wird. Darum konnte sich Beate später auch nicht in den Augen eines liebenden Mannes wiederfinden, weil sie das als Kind nie erlebt hatte und Männern letztlich immer misstrauen musste.
Wenn wir es verkürzt beschreiben wollen, so bedeutet es für den Jungen die größte Gefährdung, aufgrund der großen Nähe zur Mutter überstimuliert zu werden, für das Mädchen, aufgrund der großen Ferne zum Vater unterstimuliert.
Alle großen empirischen Untersuchungen[13] haben ergeben, dass jene Kinder eine Trennung ihrer Eltern gut bewältigen konnten, denen es gelang, sich von den elterlichen Krisen zu distanzieren und denen die Eltern dies auch ermöglichten. Wichtig ist es also, dass es dem ehemaligen Paar gelingt, aus Kampfbeziehungen herauszukommen, sich wieder gegenseitig

[13] Wallerstein, J.S. und Kelly, J.B.: Kinder und Scheidung, in: Familiendynamik, 3/1980, S. 219

zu achten und es dem Kind so zu ermöglichen, zu beiden Seiten gute Beziehungen zu pflegen.
Ich möchte an dieser Stelle noch einmal betonen, dass ich keineswegs der Meinung bin, dass Kinder alleinerziehender Mütter oder Väter generell stärker gefährdet sind, psychisch zu erkranken. Ich denke jedoch, dass es bestimmte Gefährdungen und typische Persönlichkeitsstörungen geben kann, und diese Bereiche wollte ich herausarbeiten. Erst dann können wir vorbeugend wirken und vielleicht manche Probleme aus dem Weg schaffen. Ich meine aber auch, dass alleinerziehende Mütter stolz darüber sein sollten, was sie alles bewältigt haben, trotz ständiger Schuldgefühle, trotz Diskriminierungen und allen alltäglichen Widrigkeiten.

Karin Lantzsch

# Optimale Hindernisse auf dem Weg zum Erwachsenwerden

## Eine Gratwanderung zwischen Schonverhalten und Überforderung

Vermutlich gab es noch nie so viel Wissen, so viel Informationsmaterial und so viele Informationsmöglichkeiten zu diesem Themenbereich wie heute – und dennoch macht uns die Fülle nicht satt, unser Wissensdurst bleibt ungestillt, weil das angehäufte Wissen uns keinen klaren Weg weist, uns nicht so stärkt, dass wir dem Alltag mit seinen Anforderungen zu unserer Zufriedenheit gewachsen sind.

Selbst bei bester Vorbereitung und gründlichem Fachwissen bleibt Kindererziehung etwas sehr Anstrengendes. Der Alltag mit Kindern fordert unseren ganz persönlichen Einsatz – und doch läuft selbst dann so vieles anders, als wir es uns wünschen: das angestrebte Gute bleibt oft Ideal, die Wirklichkeit zeigt uns unsere Grenzen und Schwächen, lässt auch bewusste und engagierte Eltern gelegentlich – oder öfter – an sich zweifeln.

In meiner Praxis habe ich täglich mit Kindern und Eltern zu tun, für die das Miteinander so belastend ist, dass sie sich für ihre Schwierigkeiten Hilfe holen wollen oder müssen. Ein großer Teil dieser Eltern hat sich sehr bewusst auf ihre Elternschaft eingestellt, z. B. Berufstätigkeit und eigene Freizeitgestaltung zu Gunsten des Familienlebens mit Kindern zurückgestellt oder eingeschränkt. Die Eltern tun dann all das für ihre Kinder, was sie auf ihrer engagierten Informationssuche in Erfahrung bringen konnten. Sie bemühen sich, ganz auf die Bedürfnisse der Kinder einzugehen: füttern sie, sobald sie Hunger haben (oder schreien), kochen, was sie mögen, lassen sie nie allein, spielen mit ihnen, versuchen ihnen alles zu erklären, tun nichts, ohne es zu begründen. Sie sind fast 24 Stunden im Einsatz, damit es den Kindern gut geht, damit ihnen nichts fehlt und sie sind zu vielen Opfern bereit, um ein harmonisches, friedliches Miteinander leben zu können.

Ich möchte an dieser Stelle kurz ein paar Szenen aus der ersten Begegnung mit der 3 1/2 jährigen Lena und ihrer liebevoll bemühten Mutter schildern.

Ich hatte mit der Mutter zuvor besprochen, dass ich – wenn möglich – gern mit Lena in der Stunde allein wäre.

Lena sieht mit ihren kurzen Haaren und ihrer sportlichen Kleidung eher wie ein zierlicher Junge aus. Sie ist sehr leistungsorientiert, hat hohe Erwartungen an sich und erreicht auch viel (trifft in den hohen Basketballkorb im Behandlungszimmer!). Sie beachtet die Mutter nicht.
Als diese dann fragt: „Darf ich jetzt gehen?“ antwortet Lena bestimmt: „Nein, ich will nicht allein bleiben!“ Die Mutter setzt sich unzufrieden und hilflos wirkend dorthin, wo Lena es möchte.
Als Lena später ein Spiel aus dem Regal nimmt und auf ihre Art damit zu spielen beginnt, mischt sich die Mutter ein: „ Das geht sicher anders, wir müssen die Beschreibung lesen, damit du es richtig spielen kannst!“ Die Mutter beginnt zu erklären; Lena legt das Spiel uninteressiert zur Seite.
Am Stundenende drängt die Mutter zum Gehen. Lena will bleiben. „Du bist blöd!“ schimpft sie und schlägt nach der Mutter. „Da bin ich aber traurig!“ klagt die Mutter. „Dann bist du eben nicht blöd!“ meint Lena ruhig und geht ohne Verabschiedung aus dem Zimmer.
Lena bestimmt das Geschehen, die Mutter bemüht sich, erreicht aber nicht, was sie anstrebt. Zu Hause hat die Mutter jedoch in einem Bereich das Heft unerschütterlich in der Hand – und zwar bei der medizinisch notwendigen Versorgung von Lena, die an Neurodermitis leidet. Darauf möchte ich nachher noch einmal zurückkommen.
Ähnlich frustriert wie Lenas Mutter können Eltern z.B. das Zubettbringen ihrer Kinder erleben. Trotz liebevoller, ausgedehnter Gutenachtzeremonien gibt es erst Ruhe, wenn es „kracht“, wenn Vater oder Mutter das tun, was sie eigentlich vermeiden wollen: wenn sie rigoros Ruhe fordern, laut werden, Strafen androhen oder verhängen. Manchmal weinen dann nicht nur die Kinder, auch Mütter schildern, dass sie nach solchen Kämpfen den Tränen nahe sind, sich mit Selbstvorwürfen und Schuldgefühlen plagen. Die Eltern fragen sich enttäuscht und erschöpft, weshalb so viel gut Gemeintes offensichtlich nicht zu dem führt, was angestrebt und erwartet wird: ein har-

monischer Tagesabschluss, ein entspanntes Einschlafen.
Wie machen es denn bloß die anderen – was kann ich besser machen? Solche Fragen lassen uns begierig nach Lösungen und Antworten, nach dem genialen Tipp oder Rezept suchen. Wenn wir uns richtig zu verhalten wüssten, müsste ja auch alles richtig und gut gelingen...
In der Auseinandersetzung mit dieser Fragestellung war für mich der Artikel von Katharina Zimmer „Über das Leben vor dem Leben" im ZEIT-Magazin, Heft 48/1983, ein wichtiger Denkanstoß, in dem sie über die ersten drei Monate der Schwangerschaft berichtet.
Da heißt es u.a. „Darum ist es zwar möglich, eine Eizelle im Reagenzglas zu befruchten und einige Wochen am Leben zu erhalten. Jede menschliche Weiterentwicklung aber wäre in der künstlichen Umgebung unmöglich. Das Retortenbaby bleibt nichts als eine (Horror-)Vision, weil sich die komplexe Umwelt des Mutterleibes nicht künstlich herstellen lässt – weder die Bewegungen der Mutter, noch ihr Stoffwechsel, der aufs Empfindlichste auf jede Erregung, auf Freude, Schrecken, Müdigkeit oder Wachheit reagiert, noch all die anderen lebendigen Vorgänge, wie die Magen- und Darmbewegungen, noch der auf äußere und innere Signale reagierende Rhythmus des Herzschlages. Alle diese Reize, die das ungeborene Kind aufnimmt, gewinnen im Laufe der Entwicklung an Bedeutung."
Im Reagenzglas fehlen also die natürlichen, im Mutterleib vorhandenen, Störungen als Entwicklungsreiz – ja als Entwicklungsnotwendigkeit. Das befruchtete Ei braucht das Leben, das Lebendige, das wechselnde Hin und Her von Darmbewegungen, Blutdruckschwankungen, Körperbewegungen und Erschütterungen, um selbst leben und wachsen zu können.
Beeindruckt von diesen Informationen überlegte ich, wie wir Erwachsenen uns üblicherweise bei Störungen verhalten, wie wir mit ihnen umgehen. Nun Störungen stören uns, sie können unangenehm, unerwünscht, unerfreulich oder gar hinderlich sein – als positiven Reiz erleben wir sie meist nicht. Bei Kindern ist das übrigens anders – häufig genau entgegenge-

setzt. Sie sind von Lärm, Schmutz, Chaos fasziniert, wollen Neues entdecken, ausprobieren, ihre Kräfte messen. Sie suchen die Herausforderung.

Wir wünschen uns eher Ruhe, Ordnung, Harmonie, Gutes und Angenehmes – und das so vollkommen wie möglich.

Überhaupt hat Perfektion in unserer Gesellschaft einen hohen Stellenwert. Die Erfahrung, die wir im Umgang mit all der Technik – auch mit dem Computer – täglich machen, prägt unser Handeln und Denken. Die dort geltende Logik übernehmen wir mit Selbstverständlichkeit und wenden sie meist unbemerkt auch auf Lebendiges an.

Wir verallgemeinern unsere aus dem technischen Bereich – dem nicht Lebendigen – stammenden Erfahrungen und folgern: richtige Bedienung, richtige Betreuung garantiert richtiges Funktionieren. Diese einseitige Sichtweise gilt aber nur für vom menschlichen Verstand geschaffene Geräte, in der Natur und für den Menschen gilt diese Logik nicht. Unser Funktionieren, unser gelungenes Leben hängt außer vom Wissen und Verstand unübersehbar auch von unseren Gefühlen, von unserer seelischen Befindlichkeit ab.

Unser Leben spielt sich zwischen Polaritäten, Gegensätzen ab („Kein Licht ohne Schatten"). Der Wechsel zwischen den Gegensätzen, die Bewegung des Hin und Her – das ist Lebendigkeit z. B unser Herzschlag. Einseitigkeit, Stillstand – das bedeutet Tod. So pendeln wir unser Leben lang zwischen Freude und Leid, Hunger und Sattsein, erleben Nacht und Tag, Sommer und Winter, Angenehmes und Unangenehmes, Gutes und Schlechtes, Schönes und Hässliches. Auch wenn wir zeitweilig nur eine Seite sehr intensiv zu spüren bekommen, – die Gegenseite ist dennoch vorhanden, wird wieder näher kommen, uns unerbittlich erreichen.

Wir wissen das natürlich und doch geht unser ganzes Trachten dahin, das Angenehme zu erleben und das Unangenehme zu verhindern. Und so, wie wir selbst gern angenehm leben – was auch immer das für jeden einzelnen bedeuten mag – so wollen wir das für unsere Kinder auch ganz sicher. „Die sollen es gut –

oder gar besser als wir haben..." Und da für uns so vieles machbar geworden ist, sind wir auch imstande, weniger Angenehmes einzuschränken, zu verhindern, zu vermeiden, zu umgehen, unter Umständen sogar durch Vorschriften, Verbote, Gesetze.
In unserer Gesellschaft braucht niemand Hunger zu leiden, furchterregendes Dunkel kann erhellt werden, viele Wünsche lassen sich in unserer Wohlstandsgesellschaft erfüllen, viele Schmerzen können gelindert werden...
Es ist wirklich vieles machbar geworden. Aber...
Dazu fällt mir eine Lesebuchgeschichte aus meiner Grundschulzeit ein:
Ein Bauer beklagt sich beim lieben Gott über das Wetter und bittet darum, ein Jahr selbst das Wetter machen zu dürfen. Die Bitte wird ihm gewährt, und er lässt schön abwechselnd die Sonne scheinen und Niederschläge fallen. Das Korn gedeiht prächtig. Wie entsetzt ist der Bauer da, als eines Tages die Halme abgeknickt sind und die herrlichen Ähren auf dem Boden liegen. Ärgerlich beklagt er sich beim lieben Gott über sein Pech, das er nach so viel Sorgfalt bei der Wettergestaltung nicht verdient habe. Doch der liebe Gott meint zu ihm: „Du hast den Sturm ja vergessen, der die Halme stark macht."
Der Sturm – das Unangenehme, das Störende – aber auch das Entwicklungsnotwendige, das Starkmachende.
Wir wollen, dass unsere Kinder stark, d.h. lebenstüchtig werden, gleichzeitig wollen wir sie aber auch vor allem „sturmähnlichen" beschützen. Wir wollen ja gute Mütter und Väter, gute Betreuer sein, sind um das Wohlergehen der Kinder, um ihre Geborgenheit und Bedürfnisbefriedigung besorgt.
Bedeutet die Beobachtung, dass „Sturm" entwicklungsnotwendig ist nun, dass wir andere Saiten aufziehen müssen, fordernd, streng, autoritär sein sollten? Das würde die alte Frage: führen oder wachsen lassen wiederbeleben. Es geht aber nicht darum, Regen und Sonnenschein durch Sturm zu ersetzen, sondern den Sturm in wachstums- und entwicklungsfördernder Stärke zu Regen und Sonne hinzuzufügen. Erst das Vorhanden-

sein von Gegensätzlichem, von unterschiedlichen Seiten, von mehreren Erfahrungen bildet die Basis und Chance für eine stabile Entwicklung. Nicht oder (d.h. eins von beiden) sondern und (d.h. beides) ist für uns, für unsere Kinder wichtig.
Dem Kind im Mutterleib geht es ja nicht deshalb gut, weil da eine Reihe von Störungen sind, sondern weil im wohl behüteten Rahmen die Störungen auszuhalten sind und als Entwicklungsreiz verarbeitet werden können. Entsprechendes gilt für die Zeit nach der Geburt, der wohl behütete Rahmen, die liebevolle Geborgenheit der Sicherheit gebenden Familie ist die Grundbedingung einer gesunden Entwicklung, die durch „störende" Reize gefördert wird.
Aber welche Störungen, welche Reize braucht ein Kind zu seiner optimalen Entwicklung?
Katharina Zimmer schreibt:
"... Alle diese Reize, die das ungeborene Kind aufnimmt, gewinnen im Laufe der Entwicklung an Bedeutung. Jeder anhaltende Mangel oder auch jedes Überangebot an solchen Signalen führt zu Störungen, das heißt im frühesten Stadium zu Fehlentwicklung..."
Das heißt, jedes Kind braucht zu seiner gesunden Entwicklung genau die richtigen, für dieses individuelle Kind optimalen Reize, Störungen oder Hindernisse, die ich im folgenden optimale Hindernisse nennen möchte. Im Grunde handelt es sich ja um ganz natürliche Hindernisse, aber der etwas provozierende Begriff der optimalen Hindernisse hat mir in der Arbeit mit den Eltern geholfen, die spannungsreiche Gegensätzlichkeit unseres Lebens und die daraus folgenden Entwicklungsbedingungen bewusster und nachvollziehbarer aufzuzeigen.
Von den Medien wird uns jedoch ein anderes – viel einseitigeres Bild vom Leben gezeigt. Insbesondere von der Werbung wird uns vermittelt, dass ein angenehmes Leben ohne Stress, ohne Spannung, ohne Verzicht, ohne Plagen und Schmerzen – also ohne alles Negative sehr wohl möglich ist, wenn wir nur das Empfohlene tun, das Angepriesene kaufen. Da geht es um die schmerzlose Geburt, das Lernen (oder Abnehmen) im

Schlaf, passives Muskeltraining (man wird bewegt), Korrekturtasten – die Falsches ungeschehen machen, Genuss ohne Folgen...Nie wieder einen Anruf verpassen... Natürlich brauchen wir zu diesem Zweck ein ganz bestimmtes Telefon.
Ob uns das Vermeiden dieser Belastungen wohl glücklich und zufrieden macht, unser Leben lebenswerter gestaltet? Es fehlt ja dann etwas – etwas, was von Natur aus dazugehört.
Diese Erfahrung, dass Angenehmes und Unangenehmes nicht ohne nachteilige Folgen getrennt werden kann, hat für mich Antoine de Saint Exupéry in „Der kleine Prinz“ besonders schön ausgedrückt, als er die Blume sagen lässt: „Ich muss wohl zwei oder drei dieser Raupen aushalten, wenn ich die Schmetterlinge kennenlernen will!“
Aushalten! Das ist leichter gesagt als getan, denn es bedeutet ja, Unangenehmes, Störendes, sowie Hindernisse und Belastungen – auch Enttäuschungen und Rückschläge – zu ertragen. Woher sollen wir – oder gar unsere Kinder – die Kraft dazu nehmen?
Wenden wir uns kurz dem sportlichen Bereich zu, mit dem wir zumindest als Zuschauer doch soweit vertraut sind, dass wir sehr wohl wissen, dass Erfolg ohne intensives Training nicht möglich, nicht denkbar ist. All das Anstrengende, was zu einem Training gehört, muten wir Kindern, die sich sportlich betätigen – oder uns selbst bei unseren sportlichen Aktivitäten – meist ohne viel Aufhebens zu machen, zu. Wir feuern an, ermuntern zum Durchhalten, loben den körperlichen Einsatz, bleiben bei Schweiß, Erschöpfung und kleineren Verletzungen ruhig. Wir vermitteln so das, was wir mit dem Sprichwort „Ohne Fleiß, keinen Preis“ oder mit der Redensart „Vor den Erfolg haben die Götter den Schweiß gesetzt“ meinen und helfen auf diese Weise mit, durchzuhalten. Wir werden belastbar durch Belastungen. („Learning by doing“)
Wie anders reagieren wir im psychischen, im seelischen Bereich, wenn es um das Aushalten von Verboten, von Einschränkungen geht, wenn die Bedürfnisbefriedigung aufgeschoben werden muss oder nicht möglich ist, wenn gar Leid,

Enttäuschung und Trauer zu ertragen sind. Da rührt sich unser Gewissen, da entwickeln wir schnell Schuldgefühle und können selbst nicht aushalten, nicht mitansehen, wie die Kinder leiden. Und wie sehr sie z.B. unter unerfüllten Wünschen leiden, können sie uns recht dramatisch miterleben lassen.

Voller Mitleid werden wir rasch zum Helfer, packen beim Aufräumen zu, bewilligen ausnahmsweise doch noch ein Eis, verschieben das Zu-Bett-bringen noch einmal um eine Viertelstunde, sagen endlich das Ergebnis der „blöden“ Hausaufgabe. Besonderen Dank bekommen wir dafür nicht, sehen uns eher mit weiter fordernden, weiter „leidenden“ Kindern konfrontiert.

Während wir die Kinder beim Sport mitfühlend begleiten, ihnen Schwierigkeiten zumuten und ihnen die Überwindung der Schwierigkeiten zutrauen, lässt uns unser Mitleid – unser Mitleiden – bei psychischen Belastungen und Anforderungen schnell helfend eingreifen. Als gute Eltern sind wir gern die guten Helfer, machen damit aber die Kinder zu Hilfeempfangenden, zu Hilfsbedürftigen, lassen damit ihre Schwäche, ihre Unfähigkeit deutlich werden. (Die meisten von uns empfinden es selbst auch als abwertend, hilfsbedürftig zu sein.)

Wer Hilfe braucht, geschont werden muss, ist schwach, wem dagegen etwas abverlangt wird, dem traut man Leistung zu, der ist der Tüchtige, der zu Bewundernde.

Während das Mitfühlen eine beruhigende und stärkende Begleitung ermöglicht, kann das Mitleiden die situationsgerechte Begleitung behindern.

Kommen wir auf Lena und ihre Mutter zurück.

Mutters Mitleid

– armes Kind soll allein in fremder Umgebung bleiben,
– armes Kind, kennt ja die richtigen Spielregeln nicht,
– armes Kind soll das schöne Spielen unterbrechen
– bestimmt ihr vorsichtiges Handeln.

Da sie ihr Problem – ihr Mitleiden müssen – nicht lösen kann, kann sie auch Lena keine Orientierung geben; und die macht schließlich, was sie will. Zu Hause aber, bei der von Lena ungeliebten Behandlung ihrer kranken Haut, handelt die Mutter

unbeirrbar. „Ich weiß, das magst du nicht“ pflegt sie mitfühlend zu sagen, „aber es muss sein...“ und in recht kurzer Zeit ist das Unangenehme und Unvermeidliche erledigt.
Lange und ausführliche Erklärungen, um die sich Eltern häufig bemühen und die die Eltern in ihrem Tun rechtfertigen, beeinflussen und erleichtern solch unangenehme Prozeduren nicht wesentlich. Für Kinder – besonders für jüngere – ist es weit wichtiger, dass wir einen Grund für unser Tun haben, dass wir uns unseres Vorgehens sicher sind – und nicht so sehr welchen Grund wir haben.
Überhaupt erziehen wir unsere Kinder weniger mit Worten, als wir es wahrhaben möchten. „Wie oft habe ich dir schon gesagt...“ Ich glaube, diese Worte kennen wir alle.
Das, was wir überzeugt tun, hinterlässt bei Kindern einen viel deutlicheren Eindruck. Wie „automatisch“ tun sie, was wir tun: sie schnallen sich im Auto an, achten auf die Müllsortierung, schütteln die Kissen mit denselben Bewegungen wie die Mutter es macht, ziehen den Nagel mit demselben Ruck aus dem Brett, wie es beim Vater zu beobachten ist.
Wenn wir uns so sehr um Erklärungen bemühen, so geschieht es oft, um den Kindern Ideale zu vermitteln, sie zu solchem Tun zu überreden, das uns vernünftig und angebracht erscheint, das die Gesellschaft, die Verwandtschaft erwartet.
Was uns wirklich – echt – wichtig ist, das tun wir selbst. Unser Vorbild (das gute ebenso wie das schlechte) ist das wirkungsvollste Erziehungsmittel. Auch hierzu wieder ein Beispiel aus der Praxis.
Die Eltern (Bankangestellte und Bausparkassenfachmann) der 11-jährigen Maren stehen unter großem Druck, als sie sich bei mir melden. Ihre Tochter hat wiederholt Geld weggenommen, zuletzt DM 50.- aus Vaters Geldbeutel. Unehrlichkeit und Stehlen sind für die Eltern „das letzte, was sie ertragen können“ sagen sie. Ich bitte sie zu erzählen, wie sie Maren gegenüber reagiert haben. „Erst mal habe ich gar nichts gesagt“, meint die Mutter, „bis ich mich gefangen hatte. Dann haben wir ganz ruhig und vernünftig mit ihr gesprochen, ihr erklärt, was

das in unserer Gesellschaft, für ihren Berufs- und Lebensweg für Folgen haben könnte. Sie hat dann versprochen, es nicht wieder zu tun." Wie fassungslos und erschüttert die Eltern den Vorfall erlebt haben, erwähnen sie mit keinem Wort. Etwa zwei Wochen später fehlen wieder DM 100.- und den Eltern „platzt der Kragen". Sie schreien nicht, sie strafen nicht, aber sie lassen Maren an ihrer Enttäuschung, ihrer Scham, ihren Selbstzweifeln – all ihren negativen Gefühlen – teilhaben. Maren reagiert erstaunt und betroffen. „Okay, ist ja gut. Ich hatte ja keine Ahnung, dass das alles so schlimm für euch ist."
Die Offenheit der Eltern, ihre echte und direkte Reaktion erreichte Maren, machte Veränderungen möglich, etwas, was mit Worten zuvor nicht gelungen war. In der Familie verschwindet kein Geld mehr, aber die Schwierigkeiten, die in der Familie deutlich werden, können besprochen und bearbeitet werden.
Die Eltern hatten Maren stets gut betreut, ihr wohlwollend einen großen Freiraum zugestanden. Großzügig stand allen Familienmitgliedern alles gleichermaßen zur Verfügung. Eine klare Abgrenzung, eine deutliche Einteilung in Mein und Dein erfolgte nicht. Zu eng, zu beengend hatten die Eltern ihre eigene Kindheit, ihre strengen Elternhäuser erlebt, deren moralische Grundsätze ganz selbstverständlich in ihrem Gewissen weiter aktiv waren. Darüber sprachen sie aber nie, diese Grenzen gaben sie nicht an Maren weiter. Marens Versagen, ihre Störung – das Stehlen – machte auf das Fehlende aufmerksam, gab die Chance zur Veränderung.
Grenzen, Begrenzungen, Einschränkung – solche Worte lösen spontan eher Negatives aus, wir sehen unsere Freiheit bedroht, unsere Individualität behindert. Aber ohne Grenzen sind wir keineswegs grenzenlos glücklich. Dazu ein paar Beispiele aus dem Alltag:
Da ist eine vielleicht 2 m breite Brücke über einer tiefen Schlucht, sie hat kein Geländer...
Es gibt im Gebirge Serpentinen mit Leitplanken und welche ohne...

Wir müssen ins Krankenhaus – auf unbestimmte Zeit...

Wir sind im Dunkeln mitten in einem fremden Raum. Erleichterung stellt sich ein, wenn wir uns bis an die Wand getastet haben...

Unsere Orientierung beginnt mit dem Erreichen der Grenze. Von da an sind wir ruhiger, wir können uns auf die Gegebenheiten einstellen.

Selbst der enge Raum, der dem Kind am Ende der Schwangerschaft im Mutterleib zur Verfügung steht, vermittelt ihm wohl Sicherheit und Geborgenheit, Nähe. Um zu früh Geborenen diese verloren gegangene Möglichkeit einigermaßen zu ersetzen, legt man um sie herum jetzt Begrenzungen in den Brutkasten. Ohne Begrenzung „hängen wir in der Luft", „schwimmen wir", beides Redewendungen, die unsere Hilflosigkeit, Haltlosigkeit, Orientierungslosigkeit auszudrücken versuchen.

Unser Leben selbst ist begrenzt, hat Anfang und Ende. Möglicherweise ist nicht einmal der Weltraum, das All unbegrenzt, unendlich. Überall stoßen wir auf Grenzen, in der Außenwelt, bei unseren Mitmenschen, bei uns selbst, und wir müssen lernen, dass es an manchen Stellen nicht weiter geht. Das kann bitter sein – gehört aber zum Alltag, zum menschlichen Leben, auf das wir unsere Kinder ja vorbereiten wollen.

Wer Grenzen kennt, weiß Bescheid,
wer Grenzen setzt und wer Grenzen vertritt, ist stark und
wer stark ist, kann Halt und Schutz geben – und diese Aufgabe fällt den Eltern zu.

Wenn Kindern zuviel Freiraum zugestanden wird, wenn sie das Sagen haben, sind sie auch für die Folgen zuständig, tragen eine Verantwortung, der sie nicht gewachsen sind. (Mama ist traurig! – hat Lena verursacht, sie ist „schuld"). Bei klaren Grenzen ärgert sich das Kind vermutlich über den, der diese Grenze setzt, aber es selbst fühlt sich okay. – ohne Schuld.

Gesetze oder vorhandene Grenzen müssen akzeptiert, ausgehalten werden und das ist mit Verzichten, Aufschieben, Warten verbunden, was nicht nur den Kindern schwerfällt.

Unsere Sorge und Angst um das Wohlergehen der Kinder, unse-

re Schuldgefühle, ihnen zu viel Unangenehmes und Enttäuschungen zuzumuten, belasten uns oft und machen uns bereit, Grenzen zurückzunehmen, Ausnahmeregelungen zuzulassen. Mit solcher Schonung nehmen wir aber den Kindern die Chance, Verzichten und Warten zu üben.
Ich erlebe immer wieder Eltern, die zu meiner Praxis mit Proviant für die Kinder – im Kindergarten und auch Schulalter – ausgestattet kommen. (Die Behandlungsstunde dauert 50 Minuten, Wartezeit gibt es nicht). Eine Zeitspanne von 2 bis 3 Stunden einmal ohne Essen und Trinken zu sein, könnte ein gesundes Kind sehr wohl aushalten, ohne Schaden zu leiden. Aber das wollen fürsorgliche Mütter ihren Kindern meist nicht antun. Und eine Mutter, die ihr Kind dursten und hungern lässt – eine schreckliche Vorstellung für viele.
Aber erst die Erfahrung des Wartens und des Verzichtens macht deutlich, was wichtig ist, macht das schließlich Erreichte wertvoll und zur geachteten Kostbarkeit. Doch wie achtlos gehen Kinder (und Erwachsene) oft mit den vielen – meist teuren – Sachen um! Erst wenn die Grenzen erreicht werden, wenn die Umwelt z.B. in Gefahr ist, werden wir langsam aufmerksam, merken wir, dass wir zu lange den bequemen, rücksichtslosen Weg gegangen sind. Es kann recht unangenehme und unerwünschte Folgen haben, wenn wir zu einseitig leben und handeln, wenn es uns nicht gelingt, Erfreuliches und Belastendes so in Einklang zu bringen, dass das notwendige Gleichgewicht hergestellt wird, dass die Hindernisse optimal sind.
Optimale Hindernisse – das ist belastend und störend Erscheinendes mit günstigen Begleiterscheinungen.
Optimale Hindernisse sind schwierig, ja so schwierig, dass sie zu ihrer Überwindung die ganze Kraft, den ganzen Einsatz erfordern.
Optimale Hindernisse müssen – wenn sie für jemanden optimal sein sollen, genau auf dessen Bedürfnisse und Fähigkeiten abgestimmt sein.
Optimale Hindernisse können also für jeden anders aussehen, sind ganz individuell.

Wir brauchen nicht lange nach solchen Hindernissen zu suchen, unser Alltag ist voll davon. Vielmehr sind wir in Gefahr, zu viele Hindernisse aus dem Weg zu räumen, zu schnell Helfer sein zu wollen. Wichtig ist es aber, das Kind, seine Persönlichkeit, sein Alter und seine besondere Situation zu kennen und zu berücksichtigen, wenn wir Kinder ermutigen wollen, für sie angemessene Hindernisse zu überwinden.

Optimale Hindernisse müssen kindgerecht sein – diesem Kind mit seinem Temperament, seinen Hemmungen, seinen Fähigkeiten gerecht werden. Von einem begabten Kind kann anderes erwartet werden als von einem schwachen, von einem gesunden anderes als von einem kranken.

Optimale Hindernisse müssen das Alter – den Entwicklungsstand des Kindes berücksichtigen, altersgerecht sein. Rechte und Pflichten wachsen mit zunehmendem Alter.

Optimale Hindernisse müssen die jeweilige Situation beachten – situationsgerecht sein. Was in vertrauter Umgebung gelingt, ist in fremder Umgebung vielleicht noch nicht zu schaffen (z.B. im Krankenhaus).

Um kindgerechte, altersgerechte und situationsgerechte optimale Hindernisse herauszufinden, müssen Eltern sicher nicht so viel hin und herüberlegen, wie das meine Ausführungen vielleicht vermuten lassen. Niemand kennt ihr Kind ja besser als sie, und sie wissen oder spüren instinktiv, was ihr Kind schaffen kann, was ihm zuzumuten ist.

Allerdings machen es uns unsere eigenen Ängste manchmal schwer, den Kindern das zuzutrauen, was sie können. Aber lebendige Kinder fordern da oft selbst – manchmal provozierend – was sie brauchen (Maren macht mit ihrem Diebstahl auf die fehlenden Strukturen aufmerksam).

Jede Überforderung, jede Unterforderung jedoch stört die Entwicklung.

Überforderungen (zu große Hindernisse) schrecken ab, verleiten zu vorzeitiger Aufgabe, können zu Resignation und unangemessenen Selbstzweifeln führen. Kinder, die eher aggressiv gegen die hohen Erwartungen rebellieren, machen uns das

Reagieren leichter als Kinder, die sich still und angepasst verhalten, sich depressiv zurückziehen (Lena wendet sich bei der komplizierten Spielerklärung uninteressiert ab).

Die Reaktion auf Unterforderung (zu geringe Hindernisse) kann recht ähnlich aussehen. Hier wird aus Langeweile aufgegeben, die Selbsteinschätzung ist erschwert (Lena fühlt sich übermächtig), die angemessene Rückmeldung fehlt. Rückzug (Null Bock) ist ebenso möglich wie aggressives Aufbegehren (störende Schüler).

Kinder wollen kämpfen und erleben es als enttäuschend und als Niederlage, wenn ihre Kampfkraft nicht ausreicht (wenn sie überfordert sind) oder als Kränkung und Abwertung, wenn ihre Kampfkraft nicht wahrgenommen und verlangt wird (wenn sie unterfordert sind). Überforderung wie Unterforderung ziehen häufig Misserfolge nach sich.

Da auf Überforderung wie Unterforderung ähnliche Reaktionen erfolgen können, ist es nicht immer leicht, Resignation, Lustlosigkeit und Aufbegehren richtig zuzuordnen.

Angemessene Forderungen jedoch, also optimale Hindernisse, machen – nach dem Einsatz aller Kräfte – Erfolge möglich, bringen Erfolgserlebnisse, die glücklich und zufrieden machen. Solchermaßen erarbeitete Erfolgserlebnisse stärken das Selbstbewusstsein und das Selbstvertrauen, machen Mut und geben Kraft für neue Aktivitäten. Sie sind Motor und Kraftspender für eine gesunde und altersentsprechende Entwicklung.

Optimale Hindernisse erfordern Kraft und Mut, um sie in Angriff nehmen zu können – und sie geben – nach erfolgreicher Bewältigung – wieder neue Kräfte.

Zunächst sind wir aber mit dem Hindernis – dem Unangenehmen – konfrontiert und vom Angenehmen oder gar Optimalen ist noch nichts zu spüren oder zu ahnen. Wir müssen uns auf etwas recht Ungewisses einlassen, wissen nicht, was uns genau erwartet. Manchmal dauert es lange, bis wir die Wende zum Positiven erleben, bis wir das Optimale an diesem Hindernis erfahren. Als Beispiel dazu möchte ich vom 6-jährigen David erzählen.

David – dessen Vater tödlich verunglückte, als er 2 Jahre alt war – ist ein kräftiger, stabil wirkender Junge. Er lebt bei der Mutter, wird aber sehr häufig von den Großeltern versorgt, die eine halbe Stunde Fahrzeit entfernt wohnen. David bekommt oft das Mitleid der Erwachsenen zu spüren, die ihn mit Überbetreuung und vielen Geschenken über sein trauriges Schicksal hinwegtrösten wollen. David findet diese Art verwöhnt zu werden inzwischen normal.
Im Therapiezimmer gibt es für ihn bald nichts Neues, nichts Interessantes mehr zu entdecken. Er findet es auch langweilig, dass die Therapeutin ihm keine Spielvorschläge unterbreitet, ihm nichts Spannendes zu bieten hat. Er bemängelt, dass es keinen Fernseher, kein Nintendo, kein fernzusteuerndes Spielzeug gibt. Ruhig kann ich seine Überlegungen begleiten, ihm mitfühlend sagen, wie ärgerlich es für ihn ist, nicht das Gewohnte vorzufinden. Schmollend sitzt er eine Weile in der Ecke. Dann hat er eine Idee: er möchte Playmobil spielen! Aber ich habe auch keine Playmobilmännchen... Mein Gewissen macht sich bemerkbar: Vielleicht sollte ich doch solche Spielfiguren hier haben, das arme Kind, jetzt könnte es endlich spielen, aber ich kann ihm nicht geben, was es braucht...
Wir beginnen zu überlegen, was er spielen würde, wenn die Spielmännchen da wären. Er erklärt mir auch, wie sie aussehen müssten. Ich erfahre viel von seinen Ideen und Vorstellungen, finde es sehr bedauerlich, dass solch gute Ideen wegen dieser fehlenden Männchen nicht umgesetzt werden können. Was könnten wir denn als Männchen nehmen? Auf der Suche danach, „entdeckt" er die Werkbank... In den folgenden Stunden sind wir eifrig dabei, Männchen aufzuzeichnen, auszusägen, anzumalen. „So schöne Playmobilmännchen hat niemand!" meint David stolz.
Welch Glück, dass ich keine hatte!
Offensichtlich war das Fehlen der Playmobilmännchen das optimale Hindernis. Zunächst galt es aber, das Belastende, Enttäuschende, Frustrierende wahrzunehmen und auszuhalten. Seinen Wunsch konnte ich David nicht erfüllen, aber ich habe

ihn sehr ernst genommen. Wünsche ernstnehmen, das Kind mit seinem Wunsch zu verstehen suchen, ist wichtiger als Wünsche zu erfüllen. Manche Wünsche ändern sich dann, manche verschwinden, die echten bleiben.

Auch bei den Wünschen ist es wieder unser Mitleid, das uns das Durchhalten, das Festhalten an unserer Einstellung, so schwer macht. Wir bringen es kaum übers Herz, den Kindern ein „Nein“, ihnen solche Not zuzumuten.

Aber: Not macht erfinderisch, sagt ein Sprichwort, und wir konnten das auch am Beispiel von David sehen.

Wenn die Not ein optimales Hindernis ist, macht Not erfinderisch, kann sie die Kreativität fördern. Wir hätten ja gern kreative Kinder; die Not, aus der geniale Ideen geboren werden können, möchten wir ihnen aber möglichst ersparen (wie den Sturm).

Wenn wir unseren Kindern auch alles erdenklich Gute wünschen, wir können sie vor den Schattenseiten des Lebens nicht wirklich bewahren. Die Kleinen können wir noch von Gefährlichem fernhalten, aber es ist unumgänglich, dass auch sie Schritt für Schritt lernen, mit Schwierigkeiten umzugehen, Hindernisse zu überwinden.

Wenn sich die Schwierigkeiten in Grenzen halten, wenn die Hindernisse optimal sind, haben Kinder – und die Eltern natürlich gleichermaßen – die Chance, an den Herausforderungen der Hindernisse zu wachsen. Das ist ein ganz individueller Weg, für den es keine Patentrezepte gibt. Mit meinen Ausführungen wollte ich die Aufmerksamkeit auf Bereiche lenken, die wir sonst gering achten oder verachten und vermeiden und die das Leben so lebendig machen können.

Das, was Kraft kostet, kann Kraft geben,
das, was belastet, kann stark und belastbar machen,
das, was fehlt, kann Neues ermöglichen,
das was begrenzt, kann schützen,
das was einengt, kann Nähe und Geborgenheit geben.

Solche Überlegungen, solche Gegensätzlichkeiten strapazieren unseren Verstand. Ihre Anwendung dagegen ist Sache der

Gefühle, des ganz individuellen Erlebens. Es gibt kein objektives Richtig und Falsch in unserem Zusammenleben, in unseren zwischenmenschlichen Beziehungen. Wir können uns nur um das Entdecken und Aushalten der optimalen Hindernisse für uns und unsere Kinder bemühen – eine Gratwanderung zwischen allen Gegensätzen.

K. H. Brisch

# Entwickelt sich mein Kind normal?

## Die psychische Entwicklung und ihre ganz normalen Krisen im Säuglings- und Kleinkindalter

*„Heiraten, eine Familie gründen, alle Kinder, welche kommen, hinnehmen, in dieser unsicheren Welt erhalten und gar noch ein wenig führen, ist meiner Überzeugung nach das Äußerste, was einem Menschen überhaupt gelingen kann."*

*Franz Kafka in seinem „Brief an den Vater"*

## Die vorgeburtliche Phase - Das Kind in der Phantasie

Das Kind existiert nicht erst in dem Moment der Geburt, vielmehr haben die meisten Eltern bereits während der Schwangerschaft Phantasien über das Aussehen und den Charakter ihres werdenden Kindes. Diese Phantasien sind am Anfang dadurch geprägt, dass sie das Kind in seinem Aussehen und seinen Eigenschaften sehr idealisieren. So steht das Kind in seiner phantasierten Form nicht nur für ein leibliches Kind, es ist auch Träger von symbolischen Wünschen und Phantasien nach Unsterblichkeit und auch nach Realisierung eigener Defizite oder Begabungen durch die Geburt eines neuen Kindes. So ist die Geburt eines Kindes in vielen Religionen, Mythen und Kulturen ein Symbol für Heil, Rettung und Wiedergeburt.[1]
Die konkreten Phantasien, etwa über Aussehen und Geschlecht, verbunden mit allen Hoffnungen und Wünschen, durch idealisierte Eigenschaften des Kindes weiterzuleben, zu überleben oder auch eigene Defizite und „Wunden" wieder gut zu machen, werden sehr bald durch Ängste überlagert. Hier stehen Ängste vor der Behinderung eines Kindes ganz im Vordergrund; diese sind noch bedeutungsvoller als Geburtsängste.[2] Viele Frauen erleben im zweiten Drittel der Schwangerschaft Träume, in denen Kinder mit Behinderungen auftau-

[1] Schwarzenau, P.: Das göttliche Kind. Der Mythos vom Neubeginn. Stuttgart, 1984

[2] Brisch, K.H.; Bemmerer-Mayer, K.; Munz, D.; Kächele, H.: Angst vor fetaler Fehlbildung und ihre Bewältigung. Internationale Zeitschrift für pränatale und perinatale Psychologie und Medizin, 1998, 10, S. 349-364

chen. Wir können diese Träume als einen Versuch verstehen, die Ängste vor der Behinderung eines Kindes innerseelisch zu verarbeiten.[3]

## Die Geburt des Kindes – das reale Kind

Mit der Geburt des Kindes ist die reale Freude und der Gewinn an Selbstwertgefühl sehr groß, wenn das Kind gesund und unbehindert zur Welt kommt.
Sehr bald stellen die Eltern aber auch schon kleine Veränderungen fest, die nicht ihren Erwartungen entsprechen, sei es, dass der Junge gewünscht war und ein Mädchen geboren wurde oder umgekehrt, oder andere körperliche Eigenschaften, die das Kind anders sein lassen, als es in den idealisierten Phantasien der Eltern erträumt war.
Es kommt zu einer gewissen Endidealisierung durch das reale Kind, die von manchen Eltern als mehr oder weniger ausgeprägte Kränkung ihrer eigenen Phantasien und Wünsche verstanden werden kann.[4]
Es bleibt noch bis heute unklar, ob dies zum Beispiel mit eine Ursache dafür sein könnte, dass viele Frauen neben hormonellen Einflüssen in den ersten zehn Tagen nach der Geburt eine sogenannte depressive Stimmungsschwankung („postpartum blues") durchmachen. Je nach Studienuntersuchung entwickeln im weiteren ersten Lebensjahr nach der Geburt 10 bis 20% aller Frauen eine ausgeprägtere klinisch behandlungs-

[3] Lukesch, H.; Kochenstein, P.; Holz, C.: Therapeutische Interventionen bei Erstgebärenden mit Geburtsängsten. Zeitschrift für Geburtshilfe und Perinatologie, 1980, 184, S. 303-309

[4] Gloger-Tippelt, G.: Der Übergang zur Elternschaft. Zeitschrift für Entwicklungspsychologie und Pädagogische Psychologie, 1985, 17, S. 53-92
Gloger-Tippelt, G.: Die Entwicklung des Konzepts „eigenes Kind" im Verlauf des Übergangs zur Elternschaft, in: Brähler, E.; Meyer, A. (Hrsg): Partnerschaft, Sexualität und Fruchtbarkeit: Beiträge aus Forschung und Praxis, Berlin, 1988, S. 57-69
Gloger-Tippelt, G.: Schwangerschaft und erste Geburt, Psychologische Veränderungen der Eltern, Stuttgart, Berlin, Köln, Mainz, 1988

bedürftige postpartale Depression.[5]

Viele Eltern machen sich nicht klar, dass das Neugeborene für sie ein fremdes Wesen ist, das sie nun nach der Geburt erst einmal kennenlernen und in seinen Eigenschaften und Temperamentsunterschieden erkunden und entdecken können. Von außen erleben sie oft einen großen Druck, dass etwa die Mutterliebe die Beziehung von Anfang an bestimmt und überhaupt keine Unstimmigkeiten und Dissonanzen aufkommen lassen könnte.

Es bleibt manchmal wenig Raum für Neugier, Fremdheit und Sich-Kennenlernen. Dieser Prozess wird überlagert von Ansprüchen und Ängsten in Bezug auf die Erziehung des Kindes. Mit der Geburt wird die eigene persönliche Lebensgeschichte und die Erfahrungen mit den eigenen Eltern aktiviert, das heißt, die „Geister“ aus dem Kinderzimmer der eigenen Kindheit der Eltern tauchen jetzt wieder auf.

Ungelöste Konflikte und Schwierigkeiten mit den eigenen Eltern können die Kontaktaufnahme mit dem Kind und auch erzieherische Vorstellungen sehr wesentlich beeinflussen, ohne dass dies bewusst ist.

Vorsätze, das Kind auf gar keinen Fall so zu erziehen, wie die eigenen Eltern mit einem umgegangen sind, oder unbedingt genau die Erziehungsideale der Eltern verwirklichen zu wollen, führen oft zu einer Überforderung, zumal sie unter den Partnern manchmal nicht abgestimmt sind und hier erst ein Prozess der gemeinsamen Erziehungsvorstellungen realisiert werden muss.[6]

[5] Murray, L.; Cooper, P.J. (Hrsg): Postpartum Depression and Child Development, New York, London, 1997
Murray, L.; Fiori-Cowley, A.; Hooper, R.; Cooper, P.: The Impact of Postnatal Depression and Associated Adversity on Early Mother-Infant Interactions and Later Infant Outcome, in: Child Development, 1996, S. 2512-2526

[6] Gloger-Tippelt, G.: Zusammenhänge zwischen dem Schema vom eigenen Kind vor der Geburt und dem Bindungsverhalten nach der Geburt bei erstmaligen Müttern. Zeitschrift für Entwicklungspsychologie und Pädagogische Psychologie, 1991, 23(2), S. 95-114
Gloger-Tippelt, G.: Die Entwicklung eines Personenschemas vom ersten Kind. Habilitationsschrift, Universität Heidelberg, 1992

## Fähigkeiten des Säuglings

Säuglinge sind von Geburt an nicht – wie wir früher annahmen – undifferenzierte Wesen, die abgekapselt in einer autistischen Hülle leben, aus der sie auftauchen, um gestillt und gewickelt zu werden, um dann wieder in einen seligen Schlaf zu versinken. Wir wissen, dass Säuglinge in der Lage sind, mit einer hohen Differenzierung ihre Umwelt wahrzunehmen. Mit der Geburt kennen sie bereits die Stimme ihrer Mutter und bald auch die Stimme des Vaters. Die Stimme der Mutter konnten sie bereits während der Schwangerschaft erlernen, da der Gehörsinn bereits während der Schwangerschaft sehr frühzeitig ausgeprägt ist. Auch der Geruchssinn ist in der Säuglingszeit noch sehr gut entwickelt, so dass innerhalb weniger Tage der Säugling den Geruch der Brustwarzen oder der Stilleinlagen seiner Mutter von dem anderer Mütter sehr differenziert unterscheiden kann. Der Gesichtssinn dagegen ist bei Geburt nur in einem begrenzten Rahmen ausgeprägt, und es erfordert eine bestimmte Verhaltensbereitschaft der Eltern, sich in einem Abstand von zwanzig Zentimetern, zum Beispiel beim Wickeln, auf den Säugling einzustellen, da darüberhinaus der Säugling in den ersten Wochen kein scharfes Bild von seinem Gegenüber abbilden kann.[7]

In diesem Prozess des Kennenlernens und der unterschiedlichen Interaktionen ist es notwendig, dass die Pflegepersonen die Signale ihres Kindes erkennen, sie richtig interpretieren und prompt und entsprechend seinem Entwicklungsalter angemessen darauf reagieren können, ohne dass dabei zu lange Frustrationsspannen entstehen. Diese können zwar im Laufe des ersten Lebensjahres verlängert werden, in der frühen Zeit, etwa in den ersten 6 bis 8 Wochen nach der Geburt, ist der Säugling aber nicht in der Lage, bei Stress und Belastungen, Hungergefühlen oder auch bei Reizüberflutungen sehr lange

[7] Dornes, M.: Der kompetente Säugling, Frankfurt/M., 1993

Zeit auszuhalten; er ist auf die Hilfe seiner Pflegepersonen angewiesen, dass diese ihm bei der Regulierung von physiologischen Bedürfnissen und Impulsen von außen oder auch von innen unterstützende Hilfestellung anbieten.[8]

## Rhythmus und Temperament

Kinder sind in der Art ihres Temperaments – etwa in ihrer energetischen Grundausstattung – sehr unterschiedlich. Es ist immer wieder eine neue Herausforderung für Eltern, auch wenn sie bereits mehrere Kinder haben, sich auf das Temperament ihres jeweiligen Kindes in einem bestimmten Rhythmus einzustellen.[9] Es ist notwendig, sowohl Überstimulation als auch Unterstimulation zu vermeiden.[10] Auch Kinder, die zu wenig Anregung von ihren Eltern bekommen, können hierdurch sehr unruhig und „quengelig" reagieren. Ziel des Neugeborenen und des Kleinkindes ist es, in einem homöostatischen Zustand zwischen Anregung, Exploration und Bindungsbedürfnissen zu oszillieren. Verschiedene Bezugspersonen bilden da-

8 Grossmann, K.E. und K.: Die Bedeutung der frühen Mutter-Kind-Beziehung. Ergebnisse und Forschung, in: Prill, H.J.; Stauber, M.; Teichmann, A. (Hrsg): Psychosomatische Gynäkologie und Geburtshilfe, Berlin, Heidelberg, New York, 1988, S. 5-21

9 Brisch, K.H.; Kächele, H.: Der Dialog in der frühkindlichen Entwicklung, in: Stadelhofer, C. (Hrsg): Frühjahrsakademie, Zentrum für Allgemeine Wissenschaftliche Weiterbildung der Universität Ulm, 1997, S. 48-57

10 Papousek, M.: Affektive Verhaltensregulation des Säuglings in der Eltern-Kind-Interaktion, in: Pachler, J.M.; Straßburg, H-M. (Hrsg): Der unruhige Säugling, Lübeck, 1989, S. 203-221

11 Lamb, M.E. (Hrsg): The Role of the Father in Child Development, New York, 1981
Lamb, M.E.: The Father's Role, New York, 1986
Lamb, M.E.: Mother and father-infant interaction. Involving play and holding in traditional and nontraditional swedish families. Dev Psychol 18, New York 1982, S. 215-221
Lamb, M.E.; Easterbrooks, M.A.: Individual differences in parental sensitivity: some thoughts about origins, components and consequences, in: Lamb, M.E.; Sherrod, L.R. (Hrsg): Infant social cognition: empirical and theoretical considerations, New York, 1981, S. 127-153

bei ganz unterschiedliche Interaktionsmuster heraus, so geht etwa der Vater beim Wickeln anders mit seinem Kind um als die Mutter. Wir wissen heute, dass Väter insgesamt aktiver, spielerischer und dynamischer ihre Kinder wickeln.[11]
Dabei entsteht zwischen dem Säugling und jeder individuellen Bezugsperson eine gewisse „Choreographie", ein spezifischer Tanz der Interaktion.[12]

## Bindungsentwicklung

Während des ersten Lebensjahres bindet sich ein Kind an eine spezifische Bindungs- oder Bezugsperson. Diejenige Pflegeperson, die die Bedürfnisse nach Schutz, Pflege, Sicherheit und Geborgenheit des Kindes am feinfühligsten beantwortet, hat die größte Chance, für dieses spezifische Kind eine primäre Hauptbezugs- und Bindungsperson zu werden. Der Säugling wird mit einem angeborenen Bedürfnis geboren, bei innerer oder äußerer Bedrohung, Angst und Gefahren eine Bindungsperson, die Sicherheit und Schutz wie ein „sicherer Hort oder Hafen" bietet, aufzusuchen.[13]
Diese Verhaltensstrategie sichert das Überleben. Werden seine Bedürfnisse nach Bindung und Sicherheit von einer Person entsprechend adäquat beantwortet, so kann er diese Person als sichere Basis nutzen, um sich einerseits bei Angst und Gefahr dort zu versichern, andererseits von dieser Basis aus seine

12 Stern, D.: Die Lebenserfahrung des Säuglings, Stuttgart, 1992
Stern, D.N.: Mutter und Kind, die erste Beziehung, Stuttgart, 1979

13 Brisch, K.H.: Bindungsstörungen - Von der Bindungstheorie zur Therapie, Stuttgart, 1999
Brisch, K.H.: Familiäre Bindungen - Die transgenerationale Weitergabe familiären Bindungsverhaltens, in: Reinke, E.: Psychoanalyse der Familie, Gießen, 1999, Bd 2, S. 7-16
Brisch, K.H.: Schutz- und Risikofaktoren für die Bindungsfähigkeit von Frühgeborenen, in; Koch-Kneidel, L.; Wiesse, J. (Hrsg): Frühkindliche Interaktion und Psychoanalyse, Göttingen, 1999, S. 91-106

Umwelt zu erkunden. Eine sichere Bindung ist Voraussetzung für eine neugierige Erkundung.
Wenn die Bindung zu einer Bezugsperson unsicher vermeidend oder sehr ambivalent ist, dann sind Säuglinge in der Regel auch in ihren Möglichkeiten zur Erkundung der Welt eher eingeschränkt. Bindungsvermeidende Kinder suchen ihre Bindungsperson in Angst und Gefahr nicht auf; sie haben oft bis zum ersten Lebensjahr bereits gelernt, dass ihre Bindungsperson Nähebedürfnisse nicht so intensiv beantwortet und sich eher emotional auf Distanz begibt. Bis zum ersten Lebensjahr hat hier bereits ein adaptiver Prozess zwischen Bezugsperson und Säugling stattgefunden; der Säugling hat gelernt, entsprechende Bindungsbedürfnisse, wie sie eigentlich seinem genetischen Verhaltensrepertoire entsprechen würden, nicht zu zeigen, diese vielmehr zu unterdrücken. Kinder, die also bei Trennungssituationen von ihrer Mutter keine Bindungsreaktion mit Weinen, Rufen, Nachlaufen mit einem Lebensjahr zeigen, wirken nach außen pseudoautonom.[14]
Aufgrund der physiologischen Untersuchungen wissen wir aber, dass diese Kinder eine erhebliche Stressbelastung erleben, auch wenn sie diese nach außen nicht mehr zeigen. Der Herzschlag und ihr Stresshormon (z.B. Cortisol im Speichel) ist nach Trennungssituationen höher als bei sicher gebundenen Kindern.[15]

[14] Brisch, K.H.: 1999, a.a.O.

[15] Grossmann u.a.: Die Bindungstheorie. Modell, entwicklungspsychologische Forschung und Ergebnisse, in: Keller, H. (Hrsg): Handbuch der Kleinkindforschung, Bern, 1997, S. 51-95
Grossmann, K.E. und K.: Bindungstheoretische Grundlagen psychologisch sicherer und unsicherer Entwicklung. Gesellschaft für wissenschaftliche Gesprächspsychotherapie, 1994, S. 26-41
Spangler, G.; Schieche, M.: Psychobiologie der Bindung, in: Spangler, G.; Zimmermann, P. (Hrsg): Die Bindungstheorie. Grundlagen, Forschung und Anwendung, Stuttgart, 1995, S. 297-310

**Probleme und Krisen** – Partnerschaft versus Elternschaft

Eltern müssen sich eine längere Zeit im ersten Lebensjahr auf den Wechsel von der partnerschaftlichen Zweiheit zur Dreiheit mit dem Kind einstellen. Es ist notwendig, dass der Vater oder der Partner die Mutter immer wieder auch entlastet, da es eine hohe Anforderung ist, 24 Stunden am Tag auf die Bedürfnisse eines Kindes feinfühlig und in befriedigender Weise einzugehen.[16] Nur wenn die Mutter sowohl körperlich wie auch emotional Entlastung findet, etwa beim Partner, bei Freundinnen oder auch bei den eigenen Eltern, wird sie in der Lage sein, über längere Zeit ohne Erschöpfung diese schwierige Aufgabe wahrnehmen zu können.[17]

Es ist empfehlenswert, frühzeitig andere Bezugspersonen in Form von „Babysittern" mit in die Dreiheit hinzuzunehmen, damit das Kind bereits in den Anfangsmonaten lernt, sich auch auf weitere Bezugspersonen einzustellen, die dann als sekundäre oder tertiäre Bindungspersonen tätig sind, wenn die Eltern erschöpft sind oder für sich einen Freiraum oder Ruhe brauchen. Viele Eltern führen einen Babysitter erst zwischen dem 8. und 10. Lebensmonat ein, wenn das Baby in der Hochphase des „Fremdelns" ist und vor allen fremden Personen Angstreaktionen zeigt. Dies ist der denkbar ungünstigste Augenblick, um das Kind mit neuen Personen zu konfrontieren.[18]

[16] Klitzing, K.v.; Simoni, H.; Amsler, F.; Bürgin, D.: Der Einfluß der elterlichen Repräsentanzenwelt auf die Beziehungsentwicklung des Säuglings. Kindheit und Entwicklung, 5, 1996, S. 168-173

[17] Brisch K.H.; 1999, a.a.O.

[18] Klitzing, K.v.: Die Wirksamkeit psychotherapeutischer und pädagogischer Interventionen im frühen Kindesalter, in: Klitzing, K.v. (Hrsg): Psychotherapie in der frühen Kindheit, Göttingen, 1998, S. 164-172

## Beruf – Freunde – eigene Interessen

In dieser neuen Beziehungskonstellation zu dritt oder bei Vorhandensein von Geschwistern auch mit mehreren Personen ist es von Bedeutung, dass sowohl Mutter als auch Vater eigene Interessen wahrnehmen können, seien es berufliche, Kontakte mit Freunden oder auch Hobbys.
Wenn dies wegen Überlastung oder Überforderung nicht mehr möglich wird, sind Konflikte und Schwierigkeiten vorprogrammiert. Die Partner müssen sich eigene Freiräume zugestehen, beziehungsweise sich auch von außen Entlastung holen. Sonst kann es passieren, dass sich die Partner untereinander Vorwürfe machen, weil sowohl für die Partnerschaft, als auch für Freunde oder andere Aktivitäten kein Raum oder keine Zeit mehr bleibt.[19] Diese könnten durchaus dazu dienen, Kräfte für die Beziehung zum Kind zu sammeln.

## Fütterungsprobleme

Es benötigt eine große Feinfühligkeit, das Stillen nach Bedarf dem Kind so anzubieten, dass weder eine Über- noch Unterfütterung stattfindet und die unterschiedlichen Ernährungsbedürfnisse des Säuglinges sehr sensibel wahrgenommen werden. Diese Interaktion ist prädestiniert für Störungen, da viele Mütter aus eigener Erfahrung mit ihren Müttern bestimmte Erwartungen und Vorstellungen über Nahrungsmengen in die Beziehung hineinbringen.
Bis heute ist es üblich, auf Geburtsanzeigen die Größe und das Gewicht des Kindes anzugeben. Ein hohes Geburtsgewicht war in früheren Zeiten ein wichtiger Faktor, der das Überleben des

[19] Gloger-Tippelt, G.; Rapkowitz, I.; Freudenberg, I.; Maier, S.: Veränderungen der Partnerschaft nach der Geburt des ersten Kindes. Psychologie, Erziehung, Unterricht, 42, 1995, S. 255-269

Kindes sicherte, als die Nahrungs- und Aufbaumöglichkeiten mit Milchersatzprodukten noch nicht so ausgereift waren.
Heute hat das Stillen zwar unter Bindungs- und Beziehungsaspekten eine wesentliche Bedeutung, jedes Kind kann aber heute auch gedeihen, wenn es nicht gestillt wird. Es hat sich geradezu heute manchmal in Stillgruppen eine Konkurrenz unter Müttern entwickelt, wer am längsten und besten stillt, sei die „Königin der stillenden Mütter".
Eine solche Haltung setzt aber viele Mütter unter Druck und führt dazu, dass Mütter mit Stillproblemen Stillgruppen fernbleiben und sich nicht mehr den erhofften Rat holen. Auch der Übergang vom Stillen oder von der Flaschenernährung zur Löffelernährung muss in Schritten erfolgen, da die gesamte Mundschleimhaut einen sehr sensiblen Bereich darstellt. Wird zu früh mit der Löffelfütterung begonnen und auf Abwehrsignale des Kindes nicht ausreichend geachtet, kann das Kind sehr frühzeitig eine Essstörung entwickeln.
In der Regel ist es hilfreich, dem Kind einen Spiel- und Explorationsraum etwa mit einem eigenen Löffel zu lassen, damit die neue Ernährung und auch die neue Form der Fütterung mit dem Löffel von dem Kind spielend über den Mundraum entdeckt werden kann, da die Babys im ersten Lebensjahr über den Mund und die Mundschleimhaut alle neuen Gegenstände eifrigst erkunden.[20]

[20] Hofacker, N.v.; Sarimski, K.; Papousek, M.: Früherkennung von Störungen der Eltern-Kind-Kommunikation, in: V. Vereinigung für interdisziplinäre Frühförderung e.V. (Hrsg): Früherkennung von Entwicklungsrisiken, München, Basel, 1993, S. 111-119
Wolke, D.; Skuse, D.: The Management of Infant Feeding Problems, in: Cooper, P.; Stein, A. (Hrsg): The Nature and the Management of Feeding Problems and Eating Disorders in Young People, Reading, 1992, S. 27-59

## Schlafprobleme

Viele Eltern wünschen sich ein Baby, das von Anfang an durchschläft, am besten von abends 20.00 Uhr bis morgens 6.00 Uhr. Ein solches Schlafverhalten ist eher die Ausnahme, da wir aus Untersuchungen heute wissen, dass Babys im ersten Lebensjahr sechs bis acht mal nachts aufwachen. Nicht alle Babys werden so hellwach, dass dies von ihren Eltern wahrgenommen wird. Manche Babys finden auch rasch wieder selbst in den Schlaf. Es ist von Bedeutung, dass die Eltern einerseits verfügbar und erreichbar sind und ihrem Kind andererseits aber auch einen Freiraum lassen, sich selbst zu beruhigen und wieder in den Schlaf zu finden. Für den Übergang von der Wachphase in den Schlaf ist es notwendig, dass es ein abendliches Ritual gibt, welches dem Kind signalisiert, dass jetzt schlafen und nicht spielen angezeigt ist. Baden, eine Abendmusik, eine Spieluhr, ein Schlaftier oder ein Teddy können diese ritualisierten Abläufe auch symbolisieren, da das Kind im Laufe des zweiten Lebensjahres lernt, dass Schlaftiere oder Puppen auch symbolisch die abwesende Mutter oder den Vater repräsentieren können. Auf diese Weise wird die Trennung und das Gefühl des Alleinseins überbrückt.

Es ist nicht erwiesen, ob Kinder, die nachts zu ihren Eltern ins Bett kommen, langfristig wirklich größere Probleme haben als Kinder, die von Anfang an in einem eigenen Bett durchschlafen. Es ist aus bindungstheoretischer Sicht verständlich, dass Kinder, die nachts Ängste erleben, zum Beispiel wegen Alpträumen, die in bestimmten Altersphasen relativ typisch sind, einen sicheren Ort aufsuchen. Dies ist aus kinderlicher Sicht das elterliche Bett mit der Nähe zu den Eltern.[21]

[21] Wolke, D.; Meyer, R.; Orth, B.; Riegel, K.: Häufigkeit und Persistenz von Ein- und Durchschlafstörungen im Vorschulalter: Ergebnisse einer prospektiven Untersuchung an einer repräsentativen Stichprobe in Bayern. Praxis der Kinderpsychologie und Kinderpsychiatrie, 43, 1994, S. 331-338

## Verdauungsstörungen und Koliken

Die kindliche Entwicklung verläuft nicht in einem geradlinigen Prozess, sondern es gibt in allen Altersstufen Entwicklungssprünge. Ein solcher Entwicklungssprung kristallisiert sich um den dritten Lebensmonat. Viele Kinder haben in dieser Phase Verdauungsstörungen, zumindest werden ihre Probleme und Schwierigkeiten als solche im Sinne von „Dreimonatskoliken" interpretiert.

Ob es sich hierbei tatsächlich um Verdauungsprobleme handelt oder ob es vielmehr Ausdruck eines neuen Reifungssprungs ist, wird noch diskutiert. Die Ergebnisse der Forschung hierzu sind nicht eindeutig. Allergien und Verdauungsstörungen können jedoch bisher nicht als ursächlich angeklagt werden. Viele Eltern haben in dieser Zeit allerdings Babys, die um die Zeit des Einschlafens jammern, quengeln, schlecht in den Schlaf finden können. Es braucht geduldige und feinfühlige Eltern, die ihren Babys durch Tragen und auch Haut- und Körperkontakt diese schwierige Zeit erleichtern. Manchmal erfahren wir in ambulanten Beratungen aber auch, dass Eltern selbst unter großen Spannungen und Erwartungen stehen, die sich manchmal während der abendlichen Einschlafzeit auch auf Kinder übertragen können. Wenn wir die Eltern durch unsere Beratungstätigkeit entlasten können und sie ihre eigenen Schwierigkeiten für sich in einem eigenen therapeutischen Raum klären können, entlasten sich auf diese Weise manchmal auch die Beziehung und die vom Säugling in „Koliken" geäußerten Spannungen.

Bei sehr vielen Säuglingen verschwinden diese „Koliken" nach drei Monaten wie von selbst, andere Eltern brauchen zusätzlich Hilfe und Unterstützung. Es ist sinnvoll, den Eltern allein aus diesem Grund Unterstützung anzubieten, da – gleich welcher Ursache – Koliken und schreiende quengelnde Kinder eine enorme nervliche Anspannung und Belastung bedeuten, insbesondere in den Abendstunden, wenn die Mutter oder der Vater sowieso schon nervlich und körperlich erschöpft sind.

Allein eine solche Entlastung entspannt oftmals die Situation und bringt einen neuen Entwicklungsschritt auf den Weg.[22]

## Krabbeln – zwischen Neugier und Grenzen

Der Erwerb der Fähigkeit zu krabbeln und sich auf diese Weise rasch und schnell im Raum fortzubewegen (mit Beginn des achten Lebensmonats) bedeutet für den Säugling eine gänzlich neue Form, seine Welt zu erkunden. Er kann sich jetzt selbst aktiv von der Mutter wegbewegen, was er besonders dann gerne tut, wenn er sich in seiner Bindung zur Mutter sicher fühlt, die Mutter nach wie vor der „sichere Ort und Hafen“ ist, zu dem er von seinen Erkundungsausflügen zurückkehren kann.
Mit dieser neuen Form der Erkundung entsteht aber oft auch eine Schwierigkeit, da die Mutter auch Grenzen setzen und „nein“ sagen muss. Erstmals wird eine gewisse Frustrationstoleranz auch vom Säugling entgegen seinen Wünschen und Bedürfnissen gefordert. Oftmals sind die Säuglinge in dieser Zeit auch frustriert, weil sie entsprechend ihren Vorstellungen bereits mehr wollen als sie motorisch können. Es gibt erste Verletzungsgefahren, die Wohnung muss „kindersicher“ gemacht werden.
Das „nein“-Sagen und das Grenzensetzen führen auch zu ersten aggressiven Äußerungen von Wut und Enttäuschung im Ausdruck des Weinens oder des Zornens beim Säugling. Die Mutter, die auf der einen Seite sehr geliebt wird, ist gleichzeitig auch die Person, die wegen der Grenzen zuerst wütend attackiert wird. Wenn Mütter eine solche Äußerung von Wut, Enttäuschung und Aggression schlecht aushalten, besteht eine

[22] Hofacker, N.; Jacubelt, T.; Malinowski, M.; Papousek, M.: Das Rätsel der Säuglingskoliken - Ein Beitrag zum Verständnis der Genese exzessiven Schreiens im frühen Säuglingsalter. Monatsschrift für Kinderheilkunde, 1996

große Gefahr, hier über die Maßen zu verwöhnen. Verwöhnung bedeutet, dass Entwicklungsangebote und auch notwendige Grenzen zum Schutz des Säuglings nicht in ausreichendem Maße gewährt werden, was letztendlich dazu führt, dass der Säugling in seinen Möglichkeiten unselbständig bleibt.
Das Setzen von Grenzen führt auch zur Entlastung, da der Säugling, der seine Gefahren und Möglichkeiten noch nicht überschaut, auch geschützt wird und sich ausschließlich innerhalb eines sicheren Rahmens bewegen kann.
Aus psychodynamischer Sicht wird diskutiert, dass dieses Grenzensetzen auch einen entscheidenden Einfluss auf die Entwicklung der psychischen Struktur hat.
Diese Thematik wird noch verschärft, wenn der Säugling gegen Ende des ersten Lebensjahres das Laufen erlernt; er kann sich jetzt noch weiter von der Mutter wegbewegen und sein Umfeld auch in verschiedensten Räumen erkunden, denn er kann inzwischen klettern und auf diese Weise auch die dritte Dimension im Raum, die Höhe, erobern. Noch stärker als zuvor wird die Mutter darauf angewiesen sein oder andere Bezugspersonen, Grenzen zu setzen und den Säugling vor Gefahren und Verletzungen zu schützen, ihm dabei gleichzeitig aber einen Raum zu eröffnen, in dem er seine explorative Neugier entfalten kann. Wenn der Säugling zum Beispiel ständig alle Schubladen aufzieht und ausräumen möchte, so kann die Mutter diesem Neugierbedürfnis entgegenkommen und ihm eine spezielle Kiste oder Schublade zur Verfügung stellen, die mit Bauklötzen und Spielsachen gefüllt ist. Diese Schublade des Kindes darf von ihm ausgeräumt werden, andere Schubladen dagegen können gleichzeitig mit einem klaren „nein“ belegt werden.[23]
Im zweiten Lebensjahr nimmt die Entwicklung einen großen Sprung, da hier die Sprachentwicklung, ausgehend von den

[23] Grossmann, K.: Entfremdung, Abhängigkeit und Anhänglichkeit im Lichte der Bindungstheorie, Praxis der Psychotherapie und Psychosomatik, 35, 1990, S. 231-238

ersten Wörtern im 13./14. Lebensmonat, eine rasante Entwicklung nimmt. Hier ist allerdings zu betonen, dass es sehr große zeitliche Varianten gibt, es finden sich Früh- und Spätsprecher, denn die Sprachentwicklung ist genetisch auch vorprogrammiert.
In seltenen Fällen kommt allerdings die Sprachentwicklung zum Stillstand oder wird für eine gewisse Zeit unterbrochen. Dies ist immer Anlass zur Sorge und erfordert eine eingehende Untersuchung. Manchmal gehen einem Sprachentwicklungsstillstand auch traumatische Erlebnisse, wie Umzug, Unfälle, Verluste durch Tod einer nahen Bezugsperson voraus. Kinder können über solche Erlebnisse „stumm“ werden oder beginnen auch zu stottern als Ausdruck der inneren Spannung, die anderweitig noch nicht verarbeitet werden kann.[24]

## Ablösung und Individuation

Im zweiten Lebensjahr zeigt der Säugling noch weitere Tendenzen, sich von der Mutter zu entfernen und abzulösen. Er wird insgesamt emotional stabiler und selbständiger und kann sich nun auch räumlich noch weiter von der Mutter entfernen, solange er zu ihr als sicherem Hafen zurückkehren kann. Auf jedem Spielplatz kann man beobachten, wie Zweijährige ihre Erkundungswege gehen, sich manchmal aber im Spiel dann von ihren Müttern „einfangen lassen“. Es ist sehr entscheidend, wie weit die Mutter einerseits diesem Ablösungsbedürfnis

[24] Papousek, H. und M.: Intuitive elterliche Früherziehung in der vorsprachlichen Kommunikation, I. Teil: Grundlagen und Verhaltensrepertoire. Sozialpädiatrie in Praxis und Klinik, 12, 1990, S. 521-527
Papousek, H. und M.: Intuitive elterliche Früherziehung in der vorsprachlichen Kommunikation. II. Teil: Früherkennung von Störungen und therapeutische Ansätze. Sozialpädiatrie in Praxis und Klinik, 12, 1990, S. 579-583
Papousek, M.: Beobachtungen zur Auslösung von Schreiepisoden im frühen Säuglingsalter, Sozialpädiatrie in Praxis und Klinik, 7, 1985, S. 86-92
Papousek, M.: Vom ersten Schrei zum ersten Wort, Bern, 1994

des Kindes Raum gewähren kann, auf der anderen Seite es aber auch wiederum vor Verletzungen an bestimmten Grenzen schützen muss.
Wenn die Mutter sehr ängstlich ist, wird sie die Exploration des Kindes über die Maßen einschränken, so dass das Kind unter Umständen mit heftigstem Protest hierauf reagieren wird. Besonders in dieser Altersstufe ist es sehr entscheidend, wie Mütter mit ihren eigenen Ängsten umgehen können und ob Ablösung, Loslösung oder Trennung für sie selbst ein Thema ist, das sie schlecht bewältigen können. In einer solchen Situation ist es ratsam, dass die Mutter sich zusätzliche Hilfe holt, zum Beispiel in einer psychotherapeutischen Beratung, um für sich diese Thematik gut zu verarbeiten.
Gelegentlich beobachten wir typischerweise in dieser Phase auch eine sogenannte „Wieder-Annäherungskrise". Diese ist dadurch gekennzeichnet, dass das Kind einerseits die Nähe zur Mutter sucht („komm her!") andererseits aber auch die Mutter wegschickt, wenn Nähe erreicht ist („geh weg!"). Dies ist ein typischer Ausdruck von Ambivalenz, sich einerseits schon loszulösen, andererseits aber auch die Mutter immer wieder zum emotionalen „Auftanken" zu gebrauchen. Wenn der Säugling sich der Mutter angenähert hat, wird ihm aber wiederum deutlich, wie sehr er von ihr abhängig wird und ist, so dass er sich auch erneut von ihr abstoßen muss, um die notwendige Ablösung emotional wie auch äußerlich räumlich zu bewerkstelligen. Ist diese Phase gut bewältigt, so kann das Kleinkind sich nun in der Regel auch längerfristig ausdauernder auf ein Spiel konzentrieren, solange es die Mutter in der Nähe oder verfügbar weiß.[25]
In dieser Phase zeigen die Kinder nun erstmals auch deutlich, dass sie sich selbst als „ich" erleben, manchmal können sie dies zu jenem Alter bereits auch sprachlich ausdrücken. Hierzu

[25] Mahler, M.S.; Pine, F.; Bergman, A.: Die psychische Geburt des Menschen, Frankfurt/M., 1978

gehört auch, dass die Kinder für sich selbst einen Namen finden, den sie sich selbst zuschreiben und mit dem sie angesprochen werden möchten.

Diese Entwicklung, die sich auf diese Weise sprachlich manifestiert, ist Ausdruck einer gewachsenen deutlichen Autonomie und Individuation.

Mit dieser Autonomie beginnen aber auch deutliche „Trotzkämpfe“. Das Kleinkind fordert nun bestimmte Dinge lautstark ein. Werden sie ihm verweigert, so kommt es zu entsprechenden Wutanfällen, die im Rahmen einer beginnenden „Trotzphase“ als normal anzusehen sind. Es steht dem Kind zu, dass es auf Frustrationen und Grenzsetzung mit Wut und Zorn reagiert.

Es ist allerdings für Eltern oft eine schwierige Aufgabe, das Kind in seiner Wut zu halten, auch körperlich zu halten, und emotional diese Affekte des Kindes auszuhalten.

Nur wenn eine gewisse körperliche wie emotionale Unterstützung stattfindet und das Kind mit seinem Wutausdruck akzeptiert und in bestimmten Grenzen gehalten wird, kann es sich trotz seiner Affektausbrüche und -durchbrüche als liebenswert erleben.

Die Eltern helfen dem Kind auf diese Art und Weise im Laufe der nächsten ein bis zwei Jahre, auch heftige Affekte von Wut und Enttäuschung selbst psychisch auszuhalten und zu integrieren.

Dies ist eine große psychische Leistung, die erst mit Hilfe der Bezugspersonen erlernt werden muss.

Wenn die Eltern dagegen in dieser Situation mit Liebesentzug oder gar Trennung drohen („wenn du nochmal so tobst, geht die Mama weg, lässt die Mama dich alleine, gibt die Mama dich weg, kommt das böse Krokodil, ...“) reagiert das Kind erschrocken und mit Panik. Es lernt, dass es heftige Affekte nicht äußern darf, weil sonst die Beziehung zur Mutter oder den Eltern gefährdet ist. Die Drohung, dass die Beziehung abgebrochen wird oder das Kind seine Bezugsperon verlieren könnte, löst heftigste Verlust- und Trennungsängste aus.

Das Kind muss seine Gefühle, insbesondere der Wut und Enttäuschung, für sich auf irgendeine Weise alleine verarbeiten, was oft nicht ohne Symptombildung, insbesondere psychosomatischer Art, möglich ist. Insgesamt sind Kinder aber in dieser Phase überfordert, wenn sie solche Äußerungen ihrer Eltern psychisch verarbeiten sollen.[26]

## Ängste und Phantasien

In den verschiedenen Entwicklungsphasen gibt es ganz typische Ängste und Phantasien des Kindes.
In der frühesten Zeit ist die schlimmste Angst die Verlustangst. Das Kind befürchtet, die Eltern könnten „einfach weg" sein. Da die Fähigkeit, innerseelisch ein Bild von den Eltern zu erinnern, sich erst im Laufe des zweiten Lebensjahres entwickelt und stabiler wird, sind Eltern für ein Kind im ersten Lebensjahr dann „verschwunden", wenn sie nicht mehr real sichtbar sind. Geschieht dies über einen längeren Zeitraum, so wird das Kind eine extreme Verlustangst erleben, die es in der Regel selbst ohne Hilfe von anderen Bezugspersonen nicht verarbeiten kann.
Die nächste Stufe der möglichen Ängste ist durch Trennungsangst gekennzeichnet. Jede Trennung, insbesondere wenn sich die Bindungsentwicklung im Laufe des ersten Lebensjahres stabilisiert hat, löst Trennungsangst aus. Auf diese reagiert das Kind in der Regel mit Bindungsverhalten. Das Kind sucht diejenige Bezugsperson auf, von der es sich getrennt fühlt und wird versuchen, durch Nachlaufen, Klammern, Weinen, Rufen, die Bezugsperson wiederzufinden. Ist dies – über einen längeren Zeitraum – nicht möglich, im ersten Lebensjahr nach zwei bis drei Minuten, so reagiert der Säugling oder das Kleinkind hier-

[26] Parens, H.: Neuformulierungen der psychoanalytischen Aggressionstheorie und Folgerungen für die klinische Situation. Forum Psychoanalyse, 9, 1993, S. 107-121

auf mit heftigster Trennungsangst. Ein solches Verhalten ist normal und sollte von den Eltern entsprechend verstanden werden.
Wird das Kind für die Äußerung seiner Trennungsangst bestraft oder geschimpft oder reagiert die Mutter hierauf ebenfalls mit Äußerungen wie etwa: „wenn du so brüllst, komm ich nie mehr wieder", dann wird die Trennungsangst entsprechend verschärft.
Im weiteren Entwicklungsalter zwischen zweitem und drittem Lebensjahr sind Kinder deutlich mit Bestrafungsängsten beschäftigt. Die Kinder haben nun schon Grenzen gelernt und sind mit der Verinnerlichung von zunehmenden Grenzsetzungen beschäftigt. Sie wissen, dass es für Grenzüberschreitungen auch Gebote und Verbote gibt. Überschreiten sie Grenzen, so kommen sie innerlich nun in einen Konflikt, weil sie zunehmend mehr realisieren, dass sie jetzt ein bestimmtes Verbot überschritten haben.
Dies löst Bestrafungsängste aus, die in der Regel von Kindern dann bewältigt werden können, wenn die Eltern empathisch grenzsetzend und dennoch emotional akzeptierend mit dem Kind umgehen.
Wird auf Überschreitungen von Grenzen mit Schlägen oder auch mit Entzug von Zuwendung oder mit Drohungen von Verlust und Trennung von Seiten der Eltern reagiert, dann tauchen erhebliche Bestrafungsängste beim Kind auf, die ebenfalls von ihm nicht psychisch alleine gut bewältigt werden können.
Im zweiten Lebensjahr ist die Welt der Phantasie des Kindes sehr ausgeprägt.
Zu diesem Zeitpunkt entwickelt sich die Fähigkeit zu symbolisieren. Bilder und Gegenstände können symbolisch für andere Personen oder Gegenstände stehen. Das Krokodil aus dem Kasperletheater wird zum realen Krokodil, der Löwe aus dem Bilderbuch zu einem realen bedrohlichen Löwen, der durchaus für das Kind lebendig ist und auch als Ausdruck von Stärke, Kraft und Aggression gesehen wird.

Solche Symbolisierungen werden insbesondere in Träumen von den Kindern wiedererlebt und verarbeitet. In jener Phase tauchen typischerweise die nächtlichen Angstanfälle (Pavor nocturnus) auf, die als Alpträume des Kindes von den Eltern erlebt werden. Die Kinder wachen nachts auf und schreien und toben, sind nicht weckbar oder kaum ansprechbar. Sie können sich manchmal nach wenigen Minuten, manchmal aber auch erst nach einer halben Stunde wieder in den Armen der Eltern beruhigen.
Diese Angst- und Alptraumanfälle sind für diese Altersphase normal und sollten die Eltern nicht beunruhigen. Es ist notwendig, dass die Eltern in einer solchen Situation das Kind aufsuchen, es in den Armen halten, trösten und beruhigen, bis es wieder einschlafen kann.
Manchmal sind Kinder in ihrer Traumaktivität sehr lebendig, so dass es auch mehrfach in der Nacht zu solchen angstvollen Alpträumen kommen kann.
Soweit der heutige Forschungsstand uns zeigt, haben diese Alpträume keinen negativen Einfluss auf die Gesamtentwicklung der Kinder.[27]

## Zusammenfassung

Dieser relativ kurze Überblick über Entwicklungsphasen während der Säuglings- und Kleinkindzeit sowie mögliche Kri-

27

Bowlby, J.: Trennung. Psychische Schäden als Folge der Trennung von Mutter und Kind, München, 1976
Bowlby, J.: Elternbindung und Persönlichkeitsentwicklung, Heidelberg, 1994
Bowlby, J.: Verlust, Trauer und Depression, Frankfurt, 1994
Farber, E.A.; Vaughn, B.; Egeland, B.: The relationship of parental maternal anxiety to infant behavior and mother-infant interaction during the first six months of life. Early Human Developement, 5, 1981, S. 267-277
Manassis, K.: Attachment in mothers with anxiety disorders and their children. Journal of the American Academy of Child and Adolescent Psychiatry, 33, 1994, S. 1106-1113

sen und Problembereiche zeigt, dass Entwicklung immer eine dynamische Angelegenheit ist, die nicht ohne Konflikte und Spannungen verläuft.
Es ist von wesentlicher Bedeutung, wie gut die Elten ihre eigene Kindheit verarbeitet haben. Die Gespenster aus dem Kinderzimmer und den Beziehungen zu den eigenen Eltern werden für die Eltern durch die eigenen Kinder wieder aktiviert. Dies kann sich hinderlich oder auch fördernd auf die Entwicklung des Kindes auswirken, so dass sich Eltern in einem entsprechenden Fall durchaus Hilfestellung in Beratungsstellen oder auch durch eine eigene Psychotherapie holen können. Die Bewältigung von Krisen ist möglich. Wenn sich die Eltern hierdurch jedoch überfordert fühlen, sollten sie frühzeitig nach Hilfen fragen, bevor sich die schwierige Beziehung so chronifiziert und verfestigt hat, dass es eine längerfristige Beratung braucht. Nach wie vor ist es möglich, dass wir heute Eltern werden, ohne eine vorherige Schulung oder Ausbildung erhalten zu haben. Dies steht ganz im Gegensatz zu sonstigen Ausbildungsspezifizierungen, die heute alle von notwendigen Schulungen begleitet sind. Viele junge Paare ohne jegliche Vorerfahrung durch Geschwister aus ihrer eigenen Kindheitszeit stürzen so unvorbereitet in das Abenteuer „Kind und Elternschaft"; sie geben sich alle Mühe durch „Versuch und Irrtum" diese schwierige Aufgabe zu bewältigen. In Ulm wurde mit einer Form der Prävention begonnen, indem jungen Elternpaaren, die nach unserer Erfahrung sehr interessiert sind, eine Fortbildung über psychische Prozesse und Entwicklungen des Säuglings angeboten wurde. Die Eltern konnten bereits während der Schwangerschaft mit den normalen Entwicklungsphasen und den Krisen der Säuglings- und Kleinkindzeit vertraut gemacht werden, damit sie in schwierigen Situationen sowohl diese besser bewältigen, als auch Möglichkeiten wahrnehmen können, um sich Hilfe und Unterstützung zu holen.
Wenn die Eltern ihre Kinder auf dem Boden einer sicheren emotionalen Bindung trotz „normaler" Krisen in ihrem Weg zur Autonomie und Individuation ausreichend unterstützen

und begleiten können, sich selbst also als Katalysator und emotionale Basis für die Entwicklung ihrer Kinder verstehen, sind gute Voraussetzungen für eine seelische Gesundheit der Kinder gegeben.

Deine Kinder
sind nicht Deine Kinder,
sie sind die Söhne und Töchter
der Sehnsucht des Lebens nach sich selbst.
Sie kommen durch Dich,
aber nicht von Dir,
und obwohl sie bei Dir sind,
gehören sie Dir nicht,
Du kannst ihnen Deine Liebe geben,
aber nicht Deine Gedanken,
denn sie haben ihre eigenen Gedanken,
Du kannst ihrem Körper ein Heim geben,
aber nicht ihrer Seele,
denn ihre Seele wohnt im Haus von morgen,
das du nicht besuchen kannst,
nicht einmal in Deinen Träumen.
Du kannst versuchen,
ihnen gleich zu sein,
aber versuche nicht,
sie Dir gleich zu machen,
denn das Leben geht nicht rückwärts
und verweilt nicht beim Gestern.
Du bist der Bogen, von dem Deine Kinder
als lebende Pfeile ausgeschickt werden.
Laß Deine Bogenrundung in der Hand des Schützen
Freude bedeuten.

*Khalil Gibran*

AUTOREN:

Karl Heinz Brisch, geb. 1955, Dr. med., Facharzt für Kinder- und Jugendpsychiatrie, Psychiatrie und Neurologie, Psychotherapeutische Medizin, Psychoanalyse, Analytische Gruppenpsychotherapie, OA an der Abteilung Psychotherapie und Psychosomatische Medizin, Leiter der Ambulanz für Kinder- und Jugendpsychiatrie am Universitätsklinikum Ulm, Dozent am Psychoanalytischen Institut „Stuttgarter Gruppe".
Forschungsschwerpunkt im Bereich der frühkindlichen Entwicklung zu Fragestellungen der Entwicklung von Bindungsprozessen und ihren Störungen, Eltern-Kind-Interaktionen bei Risikokindern, Projektleiter eines Forschungsprojektes zum Einfluss von pränataler Ultraschallfehlbildungsdiagnostik auf die Bewältigungsdiagnostik auf die Bewältigungsprozesse von Schwangeren.

Barbara Friedrich, tätig in freier Praxis als Analytische Kinder- und Jugendlichenpsychotherapeutin; Supervision für Sozialpädagogen; Dozentin und Kontrollanalytikerin an der Stuttgarter Akademie für Tiefenpsychologie und analytische Psychotherapie;
Veröffentlichungen: Aufsätze in Fachzeitschriften; Rundfunkbeiträge für verschiedene Sender; Buchveröffentlichungen z.B. in: „Ungewollte Kinder" (Hrsg. Häsing/Janus; rororo)

Dr. rer. biol. hum. Hans Hopf, analytischer Kinder- und Jugendlichenpsychotherapeut im psychotherapeutischen Kinderheim Osterhof. Dozent und Kontrollanalytiker am Psychoanalytischen Lehr- und Forschungsinstitut „Stuttgarter Gruppe", Arbeiten für Rundfunk und Fernsehen, wissenschaftliche Veröffentlichungen, Bücher, u.a. „Kinderträume verstehen", rororo Sachbuch und „Aggressionen in der analytischen Kinder- und Jugendlichenpsychotherapie", Verlag Vandenhoeck & Ruprecht, 1998

Karin Lantzsch, Analytische Kinder- und Jugendlichenpsychotherapeutin, seit 1984 in eigener Praxis tätig.

Carola Leyh, Jahrgang 1950; Lehrerin und Analytische Kinder- und Jugendlichen-Psychotherapeutin; Dozentin an der Stuttgarter Akademie für Tiefenpsychologie, diverse Veröffentlichungen (Fachzeitschriften- und Buchbeiträge); Arbeitsschwerpunkte: Symbolforschung und prä- und perinatale Psychologie; schreibt derzeit ein Kinderbuch (Roman).

Christiane Lutz, Dozentin an der Stuttgarter Akademie für Tiefenpsychologie und am C.G. Jung Institut. Berufliche Tätigkeit in freier Praxis mit den Schwerpunkten Einzel- und Gruppentherapie bei Kindern und Jugendlichen, Paar- und Familientherapie, Supervision.
Vortragstätigkeit in Deutschland und der Schweiz, ständige Mitarbeit beim SWF Baden-Baden und beim Süddeutschen Rundfunk. Veröffentlichungen zum Thema Gruppentherapie, Märchen und Mytheninterpretationen, Beiträge in Sammelbänden und Fachzeitschriften.
Letzte Veröffentlichungen: „Das Männliche im Märchen", Bonz, 1996, „Jeder ist Herakles", 1997.

Ursula Schulz, analytische Kinder- und Jugendlichenpsychotherapeutin, arbeitet in freier Praxis in der Nähe von Pforzheim. Sie ist Mitglied des Vorstandskollegiums des Psychoanalytischen Instituts „Stuttgarter Gruppe".

# VÄTER
# - es ist, als wüssten sie nichts von ihrer Kraft

180 Seiten ·
DM 24,80 · sFr 23,- öS 181,-
ISBN 3-926789-16-6

Vätern ist es in der Regel viel zu wenig bewusst, dass ihre Eigenschaften, ihr Lebensstil, ihre Haltungen und Wertungen zu einem seelischen Bestandteil ihrer Kinder werden.
Der positive Vaterarchetypus, den wir in der Begegnung mit unserer inneren und äußeren Welt erfahren, ist eine herausfordernde und ausrichtende Instanz. Im besten Fall bewirkt er – im Zusammenhang mit dem Mutterarchetypus – nicht nur den Aufbau einer gutfunktionierenden Ich-Struktur, sondern ein von Zuversicht und Autonomie getragenes Selbst-Bewusstsein.
Wirkliche Väterlichkeit ist nicht eine Variante oder Kopie des Mütterseins, sondern eine Orientierung schenkende, Grenzen setzende und damit strukturierende Funktion.

# ANGST
# Schrei nach Leben

200 Seiten
DM 24,80 · sFr 23,- · öS 181,-
ISBN 3-926789-15-8

Angst begleitet uns vom ersten Schrei nach Leben bis zu unserem Tod. Sie ist die dunkle Kehrseite der Sehnsucht, die nach dem Sinn unseres Seins und Tuns sucht. Nur wenn wir den Umgang mit Angst wagen, und sie schließlich als naturgegebenes Instrument nutzen und schätzen lernen, bleiben wir im Kontakt mit uns und können unser Selbst verwirklichen. Denn ohne Angst und ihre Überwindung, ist kein wirkliches Wachstum möglich.

Die Beiträge dieses Buches helfen, individuelle und kollektive Ängste in neuem Licht zu sehen und ihre positive Kraft zu nutzen.

# GILGAMESCH
Ein Weg zum Selbst

288 Seiten
DM 29,80 · sFr 27,50 · öS 218,-
ISBN 3-926789-27-1

Kein Buch, das einen Fast-Food-Weg der scheinbar schnellen Erkenntnis aufzeigt, sondern den Weg, den Suchende schon vor fünftausend Jahren gegangen sind. Ein Weg voll großer Kämpfe, überragender Siege, rauschhafter Erlebnisse - aber auch ein Weg durch Schmerzen, Tränen, Trauer und Einsamkeit.
Das älteste Epos der Menschheit erzählt die Geschichte des sumerischen Königs Gilgamesch, in der sich beispielhaft zeigt, dass das zentrale Anliegen des Menschen ist, sich seinen Weg zum SELBST zu suchen.
Die äußeren Umstände unserer Lebenswirklichkeit haben sich drastisch geändert in den vergangenen fünf Jahrtausenden. Die inneren Herausforderungen und Hindernisse sind jedoch dieselben geblieben.

# Urbilder des Vaters

248 Seiten
DM 29,80 · sFr 27,50 · öS 218,-
ISBN 3-926789-26-3

*„Über eines besteht eine große Übereinstimmung in der Jungschen Psychologie, dass nämlich die Beschädigungen, die Kinder durch ihre realen Eltern erfahren haben, nur durch den Gang zu den größeren, überpersönlichen Eltern, den archetypischen Eltern, geheilt und erlöst werden können."*

*(Ingrid Riedel)*

Auf der Suche nach dem „Großen Vater" führt uns Brigitte Romankiewicz zu den mythologischen Urbildern des Väterlichen: zu Uranos, Kronos und Zeus. Sie zeigt, dass Väterlichkeit nur in geringem Maße eine naturgegebene psychologische Eigenschaft des Mannes ist. Sie ist nicht an die Person des leiblichen Vaters gebunden, nicht einmal an einen männlichen Träger.
Dennoch braucht es Väter und Vaterbilder, denn sie sind es, die unsere Entwicklung zum autonomen Menschen überhaupt erst ermöglichen.